Recettes de Cannabis

Et (2 dans 1)

Guide du Connaisseur

Autres livres de l'auteur
Éditeur depuis 1979
www.jasselin.com

Perdu au-delà-du Sidéral
Quand Justice est la Mort
Réinventons notre Vie
Penser Succès
Une Tape dans le Dos
Recettes de Cannabis
Et le (2 dans 1) Guide du Connaisseur

Livres de recettes (1985)
Les Recettes de la ferme (4 saisons) Tome 1
Les Recettes de la ferme (Pot-au-feu) Tome 2

English books
A Pat on Your Back
Justice Now
When Justice is Death
Cannabis Recipes
And (2 in 1) Connoisseur Guide

www.mari-juana-blog.com
Check for more

Les droits d'auteurs pour différents livres sont enregistrés dans différents pays :
- Canada
- France
- États-Unis

Éditeur : www.jasselin.com

Recettes
De cannabis
Et (2 dans 1)
Guide du connaisseur

Le guide pour faire de vous un connaisseur

Éditeur : Jasselin (Joseph G. Asselin)
Éditeur depuis 1979

Plus d'info-cannabis : www.mari-juana-blog.com

Recettes de cannabis et (2 dans 1) Guide du Connaisseur

Dépôt légal : oct. 2019
Bibliothèque nationale du Canada.
Bibliothèque nationale du Québec
Tous droits réservés pour tous pays

Recettes de cannabis et (2 dans 1) Guide du Connaisseur
Première édition : novembre 2019

Couverture et designs : jasselin.com

ISBN Imprimé : 978-1-927652-18-3
ISBN numérique : 978-1-927652-

Édité par : Jasselin (Joseph G. Asselin)
Aussi connue comme J. Gilles Asselin
Éditeur reporteur, depuis 1979

La création de nombreuses recettes est devenue facile devant une cuisinière. Plusieurs d'entre elles ont été suggérées, de par des voyages de partout dans le monde et reconstituées avec des ingrédients locaux.
Alors, toute ressemblance à vos recettes personnelles, ne seraient que pure coincidence.

Nous devons présumer que vous avez 18 ans et plus.
Sinon veuillez à vous abstenir de lire ce livre, selon la loi de votre état ou de votre pays.
MERCI de respecter la loi...

Mise en garde :

Toutes les informations dans ce livre sont à titre de référence seulement. L'éditeur n'est pas responsable du résultat de toutes recettes que vous essayez ou d'informations reliées à notre site web www.mari-juana-blog.com. Si vous ne pouvez pas obtenir les résultats souhaités en raison de quelconques variations d'éléments, tels que les ingrédients, les températures de cuisson, des erreurs possibles de transcription, les omissions humaines accidentelles, ou la qualité, enfin tout ce qui est hors de notre contrôle. Et surtout à cause des diverses puissances des ingrédients que vous possédez ou le genre de cuisson individuelle que vous appliquerez avec vos ingrédients de différentes sources inconnues. Nous n'assumons aucune responsabilité quant à quel que soit leurs originalités, qualités ou quantités, qui unis les ingrédients, les valeurs nutritionnelles ou de sécurité. Vous devez ajuster les doses avec votre propre expérimentation, la quantité de cannabis en fonction de la puissance désirée et de la force extraite de vos techniques de traitement et de votre propre source de variétés et de qualités de cannabis que vous achetez.

Les marchés noirs sont dangereux, car les profits sont leurs seuls soucis et nous espérons que vous n'utiliserez pas ce livre pour fabriquer des comestibles avec ces vidanges décevantes…

Éditeur : Jasselin.com en relation avec www.mari-juana-blog.com

Ce que contient ce guide du connaisseur (2 dans 1)

Et livre de recettes de cannabis

- Des renseignements indispensables pour consommer avec sécurité et préparer des aliments et breuvages compatibles avec le processus d'assimilation et d'absorption à travers le capricieux système digestif.
- Des moyens sécuritaires et économiques pour fabriquer ses propres ingestions.
- D'autres moyens plus rapides, mais un peu plus dispendieux, que l'on trouve dans les dispensaires.
- Des recettes choisies, pour leur teneur en gras et en sucre (juste assez, mais pas trop) pour ne pas charger l'estomac ; ce qui pourrait nuire à l'assimilation.
- Des renseignements indispensables pour prévenir et corriger, advenant des troubles d'overdose, d'yeux rouges, de test antidrogue ou de préventions.
- Une diversité importante de thés à créer, ce qui est de loin le meilleur et plus rentable des moyens millénaires de consommer « HIGH » ou de santé…
- Des tableaux, tellement pratiques, de conversions métriques et de substitutions des aliments.
- Et, axé sur la santé, avant tout !

VEDETTE : Crème des Anges

Table des matières

Nous devons présumer que vous avez 18 ans et plus. Si non, veuillez à vous abstenir de livre ce livre, selon la loi de votre état ou de votre pays. MERCI de respecter la loi...

INTRODUCTION

Le but de ce livre est de vous présenter un vaste choix de procédés pour extraire le maximum d'intensité pour votre argent. Mais surtout, pour vous donner assez d'informations pour vous donner les outils nécessaires pour consommer avec sécurité.

Oui c'est un livre de recettes, parce que d'abord consommer du cannabis dans votre nourriture ou vos breuvages est meilleur pour la santé que de fumer en respirant de la boucane de résine calcinée ; c'est aussi grave que ceux qui fument du tabac à l'asphalte nicotiné, sans mentionner tous les autres produits chimiques que les fabricants camouflent dedans, pour créer de la dépendance. Mais habituellement, ce sont les mêmes qui fument de la marijuana et le prix éventuel à payer sera tellement désolant…

Chacun nos affaires direz-vous, oui, mais, c'est la raison qui m'a stimulé à faire des recherches intensives pour amener les gens à consommer plutôt que de fumer. De mes amis et de ma famille sont partis en souffrant le martyre, alors j'aimerais aider les fumeurs à vivre plus longtemps, en santé !

Ce livre est tout simplement un outil pour démystifier se qui entoure l'ingestion de cannabis. Tous ont à un moment donné dégusté une bière froide avec des amis, et bien, pas beaucoup de gens savent que le houblon pour la bière est une variété de la famille du cannabis. Et de même pour le chanvre, que vous avez sans doute dans vos céréales, avec lequel on fabrique aussi des cordages et des vêtements depuis des milliers d'années.

J'ai depuis longtemps entendu des gens scrupuleux lever le

nez sur ceux qui fument de la marijuana, mais qu'en est-il de le manger ou de le boire ? Même chose, le préjugé est entré dans la tête et ne voit pas l'heure de s'évanouir.

Personne ne me croyait, jamais une personne ne voulait croire qu'ils avaient déjà consommé du cannabis en buvant de la bière. Mais après vérification sur l'internet, certains d'entre eux, les moins scrupuleux, ont avoué avec gêne qu'ils avaient fait des recherches. Cependant, aucun n'a voulu préciser leurs recherches, pour ne pas avouer leurs méconnaissances et surtout ne pas se culpabiliser d'avoir consommé indirectement un dérivé du cannabis...

Mais le temps change et on dirait qu'on approche la fin du monde, tellement tout va trop vite et dans tous les sens...

Donc, profitez de la révolution verdâtre ! Et pensez surtout à votre bien-être.

Secteur Pensée

Nous ne sommes limités que par nos croyances et par son opposé : notre manque de connaissance.

Jasselin

CHAPITRE un

Tous ont les mêmes droits

Tout est relatif au genre de consommateur ou producteur qui veut transformer lui-même ses précieux stimulants. Ce livre est pour tous les niveaux d'adeptes, sinon, on aurait qu'à dire « allez dans les dispensaires ils ont des produits finis prêts à l'emploi ». Mais pour ceux qui sont sérieux dans leur choix et qui veulent associer le plaisir de tout faire eux-mêmes, ce livre est aussi pour eux.

Le côté économique est aussi en question. Ceux qui produisent leurs 4 plans tels que permis au Canada, parce qu'ils n'ont pas les moyens d'acheter des huiles ou des teintures dans les dispensaires, ont aussi le droit de se soigner et de s'amuser... Les lois sont différentes dans tous les états et pays ou le cannabis est légal. Le Canada est l'un des premiers pays à légaliser le cannabis pour fins médicales et récréatives.

Avant la légalisation, tout était libre au consommateur de se procurer n'importe quelles vidanges pleines de pesticides cancérigènes, venues du Mexique ou de Colombie.

Pas d'étiquettes, pas de directions, et certainement pas un large éventail de choix alléchants. Maintenant, avec la légalisation balayant le monde, les comestibles sont passés de faciles à obtenir à mieux contrôlés aussi, en plus de prix compétitifs.

Pour ceux qui veulent fabriquer leurs propres produits comestibles à la maison, le champ est vaste, les limites sont la compétence en cuisine, le budget disponible et le plaisir de la création.

Lire ceci d'abord

Ce livre est en premier lieu un livre de recettes parce que c'est ce que les consommateurs de cannabis veulent. C'est pourquoi vous avez **la table des matières au début.** Vous devez avoir la version numérique, vous n'avez qu'à cliquer dessus en pressant sur contrôle (ctrl clic) et votre recette apparait.
Ensuite, il est spécialement monté pour vous renseigner sur tout ce qu'il peut vous arriver comme consommateur de cannabis.

Donc, pour le résumé de son contenu, lisez la table des matières en premier, mais, pour les renseignements généraux, vous les trouverez **à la fin.** La raison est que lorsque vous ouvrez souvent votre livre de recettes, vous ne voulez pas vous barrer les pieds sur des articles que vous ne consulterez qu'une fois de temps en temps ou quand un problème surviendra.

Ce livre de recettes est pour tous les niveaux de consommateurs : les débutants, les habitués et ceux qui recherchent l'amélioration de leurs procédés d'extraction. Et ne pas oublier les droits de consommer aussi, pour ceux qui n'ont pas d'argent pour aller dans les dispensaires parfois trop loin de leur demeure et ceux qui font leur propre culture.

LES DISPENSAIRES

Lors de votre première visite au dispensaire, vous pouvez être un peu intimidé par ce qui est devenu enfin légal après une si longue prohibition et de préjugés sur le cannabis. Mais, si vous connaissez déjà les questions que vous souhaitez poser, vous aurez alors l'air d'un pro… Enfin !

Les questions que les pros utilisent

Les personnes qui vous serviront ont été entraînées pour vous aider avec de bons conseils, alors il faut tout simplement questionner. Avant de poser des questions il faut d'abord savoir ce que l'on veut et pourquoi, sans gène…
Précisez si c'est pour un problème de santé ou pour le divertissement.
Questions :

- **Quels sont vos produits préférés, pour le divertissement ? Ou pour la santé.**
- **Quels sont les produits préférés des clients et pour quelles raisons ?**
- **Quels produits recommandez-vous ?**
- **Quelle est l'intensité du produit ?**
- **Quels sont le goût et la senteur du produit ?**
- **Comment utiliser le produit ?**
- **Quand les premiers effets du « High »**

Le plus important est de savoir ce que l'on veut. Peut-être n'est-ce qu'une visite de curieux, avant un prochain achat, ou pour se tenter sans se faire tordre un bras.

LA DIFFÉRENCE ENTRE LE CBD ET LE THC

Le CBD et THC sont tous deux des cannabinoïdes, des substances chimiques actives qui agissent sur les récepteurs de l'organisme : (système nerveux, organes, système immunitaire). La différence marquée est que le tétrahydrocannabinol (THC) est psychoactif, tandis que le cannabidiol (CBD) ne rend pas STONE, est non psychoactif et ne représente aucun danger pour la santé.

CBD et THC : quelles différences ?

Le cannabis est composé de plusieurs centaines de molécules, des cannabinoïdes, et toutes doté de leurs propriétés spécifiques. Le THC, pour tétrahydrocannabinol, est la substance active connue pour ses effets psychotropes. C'est le THC qui contribue à modifier l'état de conscience de l'adepte, le rendant High « euphorique ». Quand le choix est pour un produit de récréation, c'est un produit de cannabis riche en THC que l'on mentionne.

Le cannabidiol CBC est une autre molécule du cannabis, dont le but est différent, comme en calmant le système nerveux et va à l'encontre des effets du THC pour en limiter les propriétés, à un certain niveau. Le CBD permet de retarder les effets du THC et de les décupler, mais en limitant les risques de crise d'angoisse et d'anxiété parfois générées par la consommation active de THC. En d'autres mots, comme déjà mentionné, le CBD ne rend pas STONE, il n'a pas d'effets psychotoniques. Il est choisi pour ses vertus thérapeutiques.

CBD : des vertus thérapeutiques

En raison de ses effets psychoactifs, le THC est toujours considéré comme une drogue dans la plupart des pays, même dans les pays où le cannabis est légalisé. Le THC à tendance à créer de la dépendance, et surtout à cause des tensions psychoactives sur l'organisme. Quant au CBD c'est tout l'inverse thérapeutique qu'il produit.

La course dans les recherches démontre de plus en plus que le cannabidiol CBD a des vertus thérapeutiques émancipées et potentiellement révolutionnaires. Le CBD aurait des propriétés antalgiques et anti-inflammatoires, permettant de lutter contre l'anxiété et la dépression, calmerait les symptômes de l'épilepsie et de la sclérose en plaques, agirait contre certains troubles psychotiques comme la schizophrénie, et plus encore. D'autres études laissent entrevoir qu'avec des concentrations élevées, le CBD agirait comme inhibiteur dans la prolifération des cellules tumorales issues de certains cancers, et qu'après un infarctus, il réduirait les risques de nécrose des artères. Les recherches dans le domaine thérapeutique laissent entrevoir des perspectives formidables. Cependant, des études menées à ce jour tendent à démontrer que le CBD n'est pas toxique et ne crée pas de dépendance ; « contrairement au THC ».

Comment notre système digère-t-il le cannabis ?

Notre système digestif est un appareil qui vieillit plus vite que nous même en entier, parce que nous le maltraitons.

DIGESTION

Quelques détails pour spécifier l'importance de balancer votre façon de consommer pour en retirer le plus de bénéfices.

Des résultats de recherche ont démontré que le THC est assimilé plus efficacement s'il a été dissout dans des graisses, huiles ou dans l'alcool. Lorsque les graisses ou huiles sont ingérées, le foie reçoit un signal à sécréter de la bile, qui est ensuite concentrée dans la vésicule biliaire et ensuite, éjectée dans le duodénum.

La bile est un liquide alcalin qui aide à l'émulsification, la digestion et l'absorption des graisses. Le cannabis stimule l'écoulement de la bile dans une certaine mesure. Mais si des résines de cannabis sont induites dans le système sans la présence de matières grasses, il n'y aura peut-être pas assez bile sécrétée, pour mener à bien leur assimilation complète. Mais finalement, un pourcentage des résines seulement sera assimilé. Lorsque la nourriture est injectée dans l'estomac, l'acide chlorhydrique et les enzymes débutent la digestion.

Et, quand le contenu de l'estomac devient liquéfié, de petites quantités sont éjectées dans le duodénum à intervalles d'environ 20 secondes, jusqu'à ce qu'une certaine quantité s'y accumule. Ensuite une très petite quantité de graisse peut être absorbée directement dans le sang à travers les capillaires intestinaux, et, la bile commence à émulsionner les graisses dispersées en gouttelettes minuscules dans le liquide rendant certains acides gras enfin soluble. Et alors, un plus grand nombre de ces acides gras peuvent être assimilés dans le duodénum.

Ce qui n'est pas assimilé sera digéré dans l'intestin grêle par la lipase pancréatique (une enzyme). L'ensemble des opérations de vidange de l'estomac peuvent prendre d'une à quatre heures.

L'alcool

Seulement quelques substances comme l'eau, l'alcool, et certains médicaments sont absorbés directement par l'intermédiaire de cet organe. L'alcool est assez rapidement absorbé par la muqueuse de l'estomac et agira comme un véhicule pour transporter dans le système d'autres substances, avec lesquelles il est associé.

Le sucre

Parce que le miel et les autres sucres sont rapidement absorbés dans le sang par les capillaires intestinaux, ils peuvent également servir, dans une certaine mesure, de véhicule pour faciliter l'assimilation. Mais étant donné que le THC ne se dissout pas dans les sucres, le degré d'absorption est plutôt limité.

Le signal pour l'estomac, de ralentir le processus d'éjecter son contenu dans le duodénum est causé par une hormone (inter gastrique). Cette hormone est libérée de la muqueuse intestinale en sucres ou graisses dans l'intestin grêle. Si trop de sucre est présent, les matières grasses contenant les résines actives seront retenues plus longtemps dans l'estomac.

Suite à ces recherches, la conclusion est que la présence d'un peu de sucre dans l'alcool ou dans une confiserie à base d'huile peut faciliter l'assimilation du THC. Cependant, trop de sucre peut interférer avec la digestion des graisses et diminuer les effets du THC et CBD.

Aussi, trop de nourritures ingérées vont diluer le potentiel du THC et CBD. Donc un peu de nourriture est préférable à un estomac chargé et le choix de la bonne sorte de nourriture comme dans ce livre, est préférable...

Buvez de l'eau, c'est indispensable pour assimiler

Une personne déshydratée, absorbe mal toutes les souches de cannabis et les effets pourraient être aussi très différents avec plus de liquide dans l'estomac. Tout notre corps s'en porterait mieux. Et en ajout, pour le confirmer davantage ; d'après l'institut de médecine, il est recommandé de boire au moins 10 verres d'eau par jour ; mais une chaine télévisée de Floride rapportait que si la plupart des gens savent parfaitement que l'eau est la voie à suivre, alors que près de 75 % de la population américaine n'a pas les 10 tasses quotidiennes prescrites par l'Institut de Médecine américaine. Ce qui signifie, en terme santé générale, que la plupart des Américains fonctionnent dans un état chronique de déshydratation.

L'eau est vitale aussi avec le cannabis

L'eau est vitale et aussi quand on consomme du cannabis, car notre système a besoin de liquide pour fonctionner et mieux assimiler.

« 60 % de notre corps est composé d'eau, 75 % de nos muscles, 85 % de notre cerveau, c'est comme l'huile d'une machine ».

Les Américains, « rapporté par un journal de New York » achèterait plus de soda que d'eau, la nouvelle n'est peut-être pas nouvelle, mais les responsables de la santé insistent sur l'importance d'une bonne hydratation.

« Les gens pensent simplement que lorsqu'ils commencent à devenir un peu faibles ou à avoir mal à la tête, ils ont besoin de manger quelque chose, mais le plus souvent, ils ont tout simplement besoin de boire. »

Selon un rapport crédible : « L'eau est nécessaire pour que le corps digère et absorbe les vitamines et les nutriments. C'est aussi la clé d'une digestion adéquate. S'il a de l'eau, il détoxifie le foie et les reins et emporte les déchets vers un cycle normal.

"C'est un peu comme la planète 'A' la terre, qui est un énorme corps. Le cycle normal de la terre reçoit l'eau, la filtre en retirant les nutriments de la couche arable et rejette ensuite le surplus filtré dans les rivières ; si la planète 'A' manque d'eau, tout s'assèche et nous on meurt-de-soif…"

Nous pouvons passer un test par nous-mêmes, si notre urine devient foncée, c'est que nous sommes à un certain degré de déshydratation. L'urine devrait être claire ».

Manque d'eau, causes de maladies

Avec le temps, le fait de ne pas boire suffisamment d'eau peut entraîner de nombreuses complications médicales, telles que : fatigue, douleurs articulaires et prise de poids, maux de tête, ulcères, hypertension artérielle et maladie rénale.

D'autre part, une grande partie de notre consommation de liquides, autres que l'eau, peut avoir des effets néfastes sur notre santé, tels que les boissons contenant de la caféine et les diurétiques.

« Aux États-Unis, les gens ont tendance à boire aussi beaucoup de boissons légèrement déshydratées ».

Pour ceux qui ne supportent pas le goût de l'eau, il existe une grande variété de fruits et de légumes qui peuvent être mélangés avec de l'eau distillée ; car souvent les gens n'aiment pas l'eau parce qu'ils ont la sensibilité de capter les produits de chlores et les minéraux superflus indésirables dans l'eau traitée des villes et même des puits artésiens…

Ceci est un condensé explicite de plusieurs articles que j'avais en main depuis longtemps et je n'attendais que l'occasion de vous en faire profiter… Les sources sont diverses, mais crédibles, après vérifications…

Éditeur : www.jasselin.com

La bière et le houblon

Le Houblon, dérivé d'une variété de cannabis est utilisé pour l'assaisonnement de la bière depuis belle lurette. Il contient une substance appelée, lupuline qui est chimiquement liée à de faibles traces THC. Il a plutôt tendance à agir comme un sédatif léger et c'est le houblon qui donne à la bière son goût amer et son côté relaxant jusqu'à parfois la somnolence.

De nouvelles variétés de croisements font leur apparition, elles se retrouveront certainement dans la bière de demain.

Une des difficultés passées était d'extraire assez de résine de cannabis des fruits de houblon. Aussi, la résine de cannabis n'étant pas soluble dans l'eau ne se dissout pas non plus dans la bière trop faible en alcool.

La teneur en alcool de la bière, même plus forte serait insuffisante pour dissoudre les résines.

Introduire de l'alcool à la bière durant l'infusion à la brasserie arrêterait le processus de fermentation. Pour ceux qui aimeraient une bière plus dosée, le chemin le plus rapide est d'y ajouter quelques gouttes de teintures directement dans la bouteille. Ainsi le font les connaisseurs depuis belle lurette…

FUMER ou MANGER le Cannabis?

Fumer l'herbe ou la manger à travers des recettes agréables, c'est un choix santé qu'il faut faire selon ses propres priorités…

Qui peut dire s'il est raisonnable d'inhaler de la boucane, qui va endommager les poumons à coup sûr? Les cendres chaudes goudronnées sont parmi les plus hautes causes de maladies respiratoires causant une mort atroce. Mais aujourd'hui, depuis la légalisation du cannabis il y a un éventail de nouveaux moyens de consommer du cannabis. Quand l'on choisit la santé et longévité, les comestibles sont un choix judicieux…

Cependant, la facilité nous présente souvent le chemin qui motive notre choix. C'est plus rapide de se rouler un joint et de le partager avec des amis, que de passer une heure à cuisiner et une autre heure pour préparer les dégustations. Nous avons seulement une gorge et seulement un système respiratoire et seulement une vie ; si l'on ne la protège pas, qui alors va la protéger? Ce qui était vrai hier, ne l'est plus, avec tous les nouveaux produits sur le marché comme les teintures que vous pouvez ajouter à n'importe quel mets ou breuvage, tout est devenu instantané.

Les fumeurs et ceux qui préfèrent manger ou boire des comestibles le font pour les mêmes raisons ; la recherche du plaisir et le goût de partager socialement avec des amis.

Effets secondaires

Habituellement, quand la marijuana est consommée raisonnablement, il n'y a pas d'effets secondaires connus. Cependant lorsque consommés en trop grande quantité, il peut causer un sentiment apathique et les yeux rouges injectés de sang le lendemain et des maux de tête persistants.

Le seul avantage lorsque que le cannabis est fumé, est que l'effet est presque instantané. Certaines graminées (herbes) peuvent prendre cinq minutes ou vont alors allumer rapidement, mais habituellement les hauts (High) sont généralement ressentis tout de suite.

Les joints et 50 % de perte

Les joints ne sont pas économiques et ils brûlent en fumée dans l'air une partie de votre réserve. Pendant tout le temps qu'un joint est allumé, il brûle de l'herbe et seule une petite partie de cette fumée pénètre réellement dans vos poumons. À moins de la fumer sans arrêt en espérant de ne pas vous étouffer.

L'autre avantage que les fumeurs priorisent, est que même si le High en fumant ne dure habituellement qu'une à deux heures, ils peuvent allumer un joint et prendre quelques bouffées pour rapidement remonter avant un déclin du High prononcé. Malheureusement dans ce cas, les fumeurs ne pensent pas aux conséquences néfastes pour l'appareil respiratoire. La note sera salée, le jour où les poumons n'en pourront plus...

Le temps d'attente du « High »

Lorsque le cannabis est ingéré dans la nourriture, il faut attendre souvent de trente minutes à une heure et demie avant que les premiers symptômes du High soient ressentis. (Excepté avec les teintures). Et ensuite, l'état euphorique continue d'augmenter. Mais l'avantage appréciable est que le High peut durer de quatre à huit heures et parfois même plus longtemps, jusqu'à douze heures. Cet état de plane (High) peut être très utile à une personne qui veut rester dans un endroit où il est impossible de cacher la fumée et sans mentionner la senteur du cannabis. Ce n'est plus la mode de se faufiler dans les cages de toilettes pour prendre une touffe rapide ; surtout pendant un entracte au théâtre ou pendant un spectacle intérieur.

Même si le cannabis ingéré peut prendre environ 90 minutes pour les premiers effets, la plupart des recettes dans ce livre sont créées pour fonctionner plus rapidement. Les nouveaux breuvages sont parmi ceux qui activent assez rapidement le premier buzz perceptible, dans la quinzaine de minutes. Les recherches ont démontré que les effets psychopharmacologiques du cannabis ingéré sont très différents de ceux du matériel fumé.

Éditeur : www.jasselin.com

Le High de plus en plus rapide

Tous les nouveaux produits sur le marché, depuis la légalisation du cannabis, suite aux nombreuses découvertes sur le THC et CBD, ouvrent la voie pour de nouvelles applications hallucinogènes ou médicinales selon les besoins recherchés.

Sur tous les plans, il est plus profitable pour le portefeuille et la santé, d'ingérer son cannabis dans de bonnes petites friandises, d'abord parce que boire ou manger son canna procure des effets plus hallucinogènes que de fumer un joint ou de vapoter.

Par conséquent, joint ou ingestion, il ne faut surtout pas prendre le risque de conduire un véhicule ou d'exercer une quelconque tâche qui exigerait une exactitude de perception, ou de jugement et de réponse d'habileté. Le côté social, de se rouler un joint, avec son petit groupe d'amis, à son bon côté mémorable, mais, cuisiner pour recevoir des amis et le plaisir de partager de bons petits plats de nourritures spéciales, à son côté très divertissant aussi. Mais il faut se rappeler de prendre un taxi, d'abord pour le danger d'accident stupide ou l'amende salé si la police vous arrête, et licence suspendue.

Un dernier avantage de fumer est qu'il est impossible ou presque de faire une surdose. En fumant, le fumeur risquera plutôt de s'étouffer avec la fumée ou de mettre le feu dans son lit et d'alerter les voisins qui appelleront les pompiers. Mais, manger sans arrêt en attendant que les premiers effets de voltige arrivent pourrait offrir un High sans contrôle et perdre connaissance de 12 à 36 heures, selon des expériences vécues. Tout est une question de bon sens et de prudence, autant que de conduire une automobile que de prendre des stimulants pour le plaisir.

Il est recommandé de commencer avec des doses légères et augmenter vers des High plus voltigeant à mesure que l'expérience le permet... Chaque personne à des réactions différentes, selon ses capacités de digestion et de réaction aux produits de cannabis.

Il faut tenir compte de la nature physique et chimique du cannabis et comment il est absorbé dans le système digestif.

SOLUBILITÉ du CANNABIS

La substance active dans le cannabis n'est pas soluble directement dans l'eau ; elle est soluble dans les huiles, les graisses et les alcools. Ceci est connu depuis des milliers d'années. Cependant il y a des variétés légères comme le chanvre et le houblon qui ont été transformées pour être solubles avec les liquides.

Ceci était vrai avant que le cannabis soit devenu légal ; mais, tout est en train de changer, comme si monsieur CANNABIS venait de sortir de sa coquille. Les producteurs et les chercheurs sont en folie !

Quant à la solubilité dans l'eau, ce dilemme a été résolu il y a bien longtemps pour différentes souches dérivées de la marijuana (cannabis). Le chanvre, le même produit avec lequel on fabrique des vêtements avec, est un genre de cannabis, mais cela ne veut pas dire que l'on pourrait chiquer les petites culottes de sa blonde pour avoir un High. Le houblon est aussi de la même famille que la marijuana, une plante plus légère que la marijuana, que les brasseurs ajoutent à leur bière depuis belle lurette…

Des recettes connues de l'Inde et d'autres civilisations consommatrices de hasch, avaient l'habitude que la ganja soit sautée au ghee (beurre clarifié) avant de combiner avec les autres ingrédients dans la recette ; ils en retiraient plus de bienfaits. Quand les produits de chanvre étaient disponibles pour presque rien, il était à la mode de tout simplement faire bouillir le produit pour en boire avec plaisir, mais le High ne venait jamais, par contre ils avaient du plaisir dans les festins.

Choisir les bons mets au cannabis

Notre nourriture habituelle n'est pas le genre de mets, qui vont de pair avec le cannabis, pour atteindre le summum du « High ». Pour obtenir une bonne relation, cannabis et repas léger, il faut plutôt choisir de petites collations pas trop sucrées et pas trop graisseuses. Par contre il est recommandé, selon des études en la matière, que les mets soient un peu huileux et même un peu de sucré, apparemment ça faciliterait l'assimilation du cannabis. Et cela, sans mentionner l'alcool, qui est accélérateur qui va directement au sang. Ce qui est mentionné plus explicitement un peu plus loin...

Le cannabis ouvre l'appétit

L'ingestion de cannabis stimule l'appétit. Les fumeurs d'herbe ont souvent une petite fringale, mais, lorsqu'ingéré, le cannabis ouvre vraiment l'appétit, dépendant de la variété consommée. Alors, lorsque vous consommez du cannabis, vous saurez pourquoi vous avez le besoin de vous gaver de gâteries. Si la fringale persiste, il est préférable de se contenter d'une petite collation. Sinon, un peu d'eau chaude avec une cuillère à soupe de miel devrait apaiser votre fringale.

Comme déjà mentionnés, trop d'aliments dans un estomac en train de digérer du cannabis pourraient jeter votre High par terre. Surtout si vous avez des problèmes d'estomac ou un système digestif lent. Trop de nourriture dans le ventre interfèrera sûrement, lorsque vous essayez de vivre l'euphorie.

MASQUER LE goût

D'entre le cannabis ancien et moderne, les préparations tentent primordialement, pour la plupart, de couvrir le goût de la marijuana, que beaucoup de personnes trouvent désagréable.

Le Majoon indien est un exemple typique de cette approche. C'est une confiserie sucrée et épicée avec de la cannelle, du clou de girofle, de la cardamome, des noix de muscade ou autres condiments, et tout ça que pour masquer la saveur de chanvre.

CHAPITRE deux

FAIRE TOUT, soi-même
Plus d'informations sur notre site web : mari-juana-blog.com

Produits nécessaires pour sauver du temps et de l'argent

Il est préférable de faire soi-même notre (cannabutter) beurre de cannabis, l'huile de cannabis (cannaoil), le lait de canna (Canna-Milk, l'huile de noix de coco). De plus en plus, les produits finis affluent sur le marché et ils ne font que commencer dans la course. Mais, ce n'est pas tout le monde qui a les moyens d'acheter les produits finis tels que les teintures, les cires et les huiles concentrées ; c'est pourquoi ce livre donne tant de détails, comment : FAIRE TOUT SOI-MÊME ?

LA LÉCITHINE un ajout alimentaire indispensable

La lécithine augmente l'absorption des cannabinoïdes dans les membranes de nos cellules et accélère le processus d'assimilation, surtout lorsqu'elle est ajoutée à de l'huile de coco de cannabis.

Étant donné qu'avec de la lécithine ajoutée, l'assimilation est plus réceptive donc plus rapide, le dosage des aliments peut être plus léger, donc par le fait même plus économique ; tout en privilégiant notre santé.

Il ne faut pas croire facilement tout ce que l'on raconte, c'est facile de se renseigner en ligne, car chacun essaie de passer sa salade. C'est un peu comme la mauvaise réputation, dans le passé, sur toutes les souches de cannabis, tels le houblon, le chanvre et la marijuana. La raison fondamentale était flagrante, le cannabis était trop parfait, donc l'ennemi no.1 de nos systèmes capitalistes... « Hé ! On ne va tout de même pas permettre aux gens de se soigner tout seul ! »

La lécithine :

L'ajout de lécithine à votre alimentation générale peut être un excellent moyen d'augmenter l'absorption des nutriments et de relâcher les membranes cellulaires durcies par des régimes alimentaires douteux.

La lécithine :

- La lécithine contribue à améliorer notre système immunitaire.
- Offre une meilleure protection contre l'invasion de virus, et de bactéries.
- Aide à éliminer le cholestérol, les triglycérides et les graisses nocives.
- Elle prévient le durcissement des artères et les accidents vasculaires cérébraux.
- Facilite la transmission de l'influx nerveux dans le cerveau, améliore la mémoire et aide les cellules cérébrales à s'émanciper.

La lécithine sert également de solvant qui facilite une distribution plus rapide du cannabis dans le sang. Et de même pour tout ce qui est ingéré, la lécithine joue un rôle majeur dans l'absorption des nutriments dans les cellules.

Quantité de lécithine suggérée :

Il est toujours préférable d'ajouter votre lécithine dans la recette même, que de la mélanger dans vos produits infusés après carboxylation, pour éviter la séparation.

Si vous tenez à la mélanger dans votre huile de coco Canna ou votre cannabeurre, alors il est préférable d'employer de la lécithine liquide.

Pour chaque tasse d'huile de canna ou de cannabeurre, ajoutez :

- **1 tasse d'huile de noix de coco canna, après la décarboxylation.**
- **1 cuillère à soupe de lécithine de tournesol.**

Pourquoi l'huile de noix de coco est-elle recommandée ?

À causse de sa quantité en matières grasses saturées qui est doublement supérieure aux autres huiles.

Pourquoi l'huile de coco est-elle la meilleure ?

Précisons que l'huile de noix de coco est le média le plus employé, dans les déserts et breuvages divers, pour sa haute teneur en matières grasses saturées d'environ 50 %, comparée aux autres huiles n'ayant que moins de 20 % à 30 %. Et l'huile de noix de coco est particulièrement renommée pour faciliter l'assimilation à travers les éléments d'assimilation exigeants, de notre système digestif… Et elle se marie bien avec les propriétés émollientes de la lécithine…

Comment préparer des aliments à la maison

C'est rendu facile, si vous gardez en mémoire que chaque fois qu'une recette contient une huile, ou du beurre ordinaire, alors, vous mélangez votre dose d'huiles de canna, ou votre beurre de canna infusé au cannabis, avec votre ingrédient de base.

Recettes de cannabis et (2 dans 1) Guide du connaisseur

Le cannabutter, les huiles, les concentrés, la glycérine, l'alcool, les graisses et même le lait sont des conducteurs d'extraction potentiels de cannabinoïdes. Alors, il ne nous reste qu'à fabriquer des aliments à votre goût.

Faire des comestibles avec des concentrés

Les concentrés sont un moyen instantané, pour ajouter une dose d'infusion de cannabis à n'importe laquelle recettes comestibles que vous créez à la maison. L'avantage des concentrés est l'affichage de dosages détaillés, des % d'intensité en THC et CBD et aussi, l'arôme et la saveur détaillés.

Ajouter de l'herbe à un repas

Vous avez le contrôle sur la puissance que vous désirez consommer et si un mineur est attablé avec vous, il n'aura pas la goutte de concentré que la loi lui défend d'avoir.

Savoir au préalable, le pourcentage de THC et CBD vous aide à prévenir que les recettes à consommer en ressortent finalement trop faibles ou trop fortes.

De plus, les concentrés vous permettent de respecter le choix de chacun et de doser selon le degré d'assimilation individuelle de chacun de vos invités. Qu'il s'agisse de quelques gouttes dans une boisson ou d'une cuillère à thé dans une soupe végétalienne à la noix de coco, il est beaucoup plus facile d'obtenir un résultat semblable à chaque fois que vous cuisinez.

Le goût et la senteur

Les terpènes sont des composés végétaux naturels inclus dans presque toutes les plantes incluant le cannabis. Ils sont aussi inclus dans l'arôme que vous choisirez, soit un arôme de pin, de lavande, de diesel, d'agrume ou de poivre.

C'est intéressant pour les amateurs de comestibles à la maison, puisque les concentrés ajoutent de la saveur aux aliments à la marijuana.

SOUS-VIDE Décarboxylation
Il y a de nombreuses façons de décarboxylations sur l'internet

La préférence des recettes de décarbure, est la sous vide, et les pots Masson, pourquoi ?

- Vous ne brûlez rien comme la décarbure dans le four.
- L'humidité dans quelque soient les parties de cannabis, contient un jus qui a aussi de la valeur nutritive et active, qui s'évaporerait dans le séchage.
- Dans la nature, l'enveloppe naturelle de la plante protège sa valeur précieuse, la résine, contre les intrusions possibles de parasites et quand nous la consommons, l'ensemble de la plante à des propriétés que notre corps a encore à découvrir.
- L'un des avantages du sous vide est que votre maison, vous et les voisins ne sentirez pas le cannabis à plein nez…
- Le principal avantage à part la senteur, est que toute les précieuses valeurs, seront conservés à l'intérieur de l'enveloppe sous vide plongée dans l'eau ou dans un pot Mason.
- Un autre et non le moindre des avantages est que vous laissez votre mijoteuse faire le travail sans vous en préoccuper pour 8 bonnes heures, parce que votre sac sous vide est submergé dans l'eau bouillante et que l'eau mijotant à feu moyen ne dépassera pas les 222 F (106 C). Alors vous ne brûlerez jamais votre cannabis en risquant d'atteindre les 250 F. (surtout, que les fours ne sont pas précis avec un 10 degrés en moins ou en plus) ; ce qui en fait une variante de 20 degrés.

Après quel que soit votre choix de décarb, vous préparez ensuite votre recette d'huile en laissant mijoter toute la journée :

- 2 cueillères à soupe d'huile de noix de coco, pour chaque gramme de cannabis.

L'autre procédé préféré de décarboxylation est le pot de conserve Mason, mais il subsiste un danger de bris de verre. Alors, avec un contenant en acier inoxydable de la grosseur des pots Mason, ça règle le problème. Soyez sérieux avec votre santé, n'employez jamais des récipients ou chaudrons en aluminium, pour la cuisson ; des résidus extraits de l'aluminium surchauffé, resteront dans votre corps à jamais et causeront éventuellement des maladies. Faites une recherche sur l'internet, pour vous en convaincre.

Pour tout expliquer les rudiments controversés concernant l'idéal des processus de décarboxylations, un livre complet serait nécessaire. La direction principale de quelque soit le procédé à mettre en pratique, est d'abord de savoir où, et combien « HIGH », vous voulez monter. Cependant s'il s'agit de CBD pour améliorer votre bien-être, tout est différent. Même si ce livre comporte d'amples détails nécessaires à tout adepte de la consommation de cannabis, il est sécuritairement obligatoire de savoir jusqu'où on veut aller dans notre expérience…

Par conséquent, vous trouverez de plus amples informations sur notre site WEB : www.mari-juana-blog.com

Même si le site est en élaboration à cause du temps exorbitant qu'exige le développement de ce livre :

- En français d'abord.
- Et ensuite en anglais, environ un mois plus tard (décembre 2019), car il est encore en correction.

Pour d'autres lectures du même auteur : www.jasselin.com

CHAPITRE trois

COMMENT FABRIQUER VOS Matériaux de basse

N'allez pas plus loin avant d'avoir désoxydé vos chaudrons !

N'allez pas plus loin avant d'avoir désoxydé vos chaudrons pour le cannabis et ensuite, ils devront servir seulement pour votre CANNABIS. Ceux qui n'ont pas d'argent pour les chaudrons dispendieux, les marchés aux puces en débordent. AVIS : les chaudrons d'aluminium ne se désoxydent jamais et c'est un crime pour la santé de cuisiner quoi que ce soit avec de l'aluminium, car des résidus d'aluminium resteront à jamais dans votre système et quand votre corps en aura trop, les maladies apparaitront.

Si vous n'avez pas de bain-marie, employez un chaudron plus petit, dans une casserole plus grande dans laquelle vous mettrez l'eau. Et mettez sur votre liste d'achat le bain-marie et n'oubliez pas de ne jamais vous servir de ce bain-marie pour autre chose que le cannabis. Et surtout ne jamais le laver à l'eau pour ne pas oxyder les chaudrons et votre recette.

Neuf ou usagé, avant de vous en servir, vous devez traiter votre bain-marie ou vos chaudrons à cannabis avec de l'huile de cuisson et du sel que vous faites chauffer. Ce procédé est pour les désoxyder vos chaudrons. Sinon vous obtiendrez de la matière noirâtre que vous n'aimerez pas… Quand terminé, nettoyez vos chaudrons avec de l'huile de cuisson, essuyez avec des papiers serviette et rangez. Et faites de même avant de vous en servir, pour ne pas induire de la poussière dans votre portion magique de canna. Qui aime donc la poussière et les crottes de mouche-canna, cuites ?

LE GHEE SACRÉ

Le ghee en Inde est encore appelé (SACRED GHEE) ghee sacré, mais pour nous, la base de préparation c'est du beurre. Notre beurre, autrefois appelé « graisse de pauvre », a le désavantage de se séparer à la température de la pièce ; alors que préparé en ghee par la transformation « d'isomérisation », il acquiert l'avantage de pouvoir se garder longtemps sans se séparer à la température de la pièce. Ou, encore mieux, au froid avec peu de tempérassions, il se gardera encore plus longtemps, et surtout ne donnera pas cette couleur brunâtre lors de la cuisson.

Note : **Isomérisation** : transformation d'un corps en un composé « isomère » (isomère : se dit de composés possédant une même formule brute, mais présentant des propriétés différentes).

PRÉPARATION DU GHEE

Beaucoup de recettes spécifient le beurre, mais vous laissent le choix d'employer ce que vous avez sous la main. Le beurre isomérisé (ghee) a l'avantage de ne pas se séparer quand il est non réfrigéré ou quand il est chauffé sur le feu. Notre beure produit un genre de broue qui agace, lorsque mélangé à nos plats préférés. Habilement préparé, notre beure devenue ghee peut se conserver longtemps sans réfrigération et encore plus longtemps lorsque que légèrement réfrigérée.

Méthode pour faire votre ghee

Une première méthode consiste à faire chauffer une livre de beurre frais, ou plus, dans une marmite pas trop chaude et ne pas faire bouillir à grand feu, mais jusqu'au point où le beurre produit une broue que vous enlevez avec une cuillère. Plus vous enlevez d'écume qui flotte à la surface, plus votre beurre devenu ghee sera pur. Après cette première réussite, vous pouvez envisager de plus grosses recettes. Mais prenez garde de ne pas brûler votre beurre en le chauffant trop, sinon ce sera du beurre brûlé qui gâchera le goût de votre pot, mais ne sera que du beurre brûlé. Le ghee à un goûter genre beur de caramel léger et est de couleur or foncé.
Vous le valez bien !

La décarboxylation
(Le truc magique)

Pour retirer le maximum d'intensité extraite de votre cannabis, le truc magique est de procéder, en premier, par la décarboxylation, dont voici les rudiments à employer pour réussir :

Décarboxylation des herbes de cannabis

Pourquoi décarboxyler (décarburer) ?

La chaleur, à un certain degré, expose les cannabinoïdes de cannabis à la décarboxylation, un processus de modification chimique de la structure est alors modifié pour que le corps assimile différemment, le produit original, par le canal de la circulation sanguine. La simplification de cette synthèse actuelle sert, au moins, de point de départ pour aller plus loin…

La prochaine étape est d'expliquer la principale raison pour laquelle la décarboxylation de l'herbe « weed » est importante et comment le faire en toute sécurité à la maison.

Activer les effets

L'action de « décarboxyler » le cannabis, est le processus qui provoque une réaction chimique, afin d'éliminer par évaporation, à un certain degré de chaleur, une molécule d'oxygène et de carbone hors du THCA, et du CBDA et de différents autres cannabinoïdes, que l'on trouve dans la plante naturelle de cannabis, pour enfin obtenir les propriétés recherchées, telles que le THC et le CBD.

Les cannabinoïdes transformés sont les composés chimiques qui attribuent au cannabis ses effets attrayants pour la santé et le divertissement. L'utilisation de la décarboxylation supprime le lien chimique direct, qui prévient que le cannabinoïde acide pénètre inutilement dans le sang.

C'est la raison pour laquelle la consommation de marijuana fraîche directement de la plante, sans décarboxylation, ne produit pas d'effets psychoactifs.

Le traitement par la décarboxylation des produits comestibles, des teintures ou autres produits de consommation non fumés, vapotés ou vaporisés, est donc l'un des aspects les plus importants pour en obtenir les propriétés recherchées. La décarboxylation permet à divers cannabinoïdes ciblés de pénétrer plus librement dans le sang, par la bouche, l'estomac et les intestins. Les cannabinoïdes actifs doivent passer par le système digestif pour finalement être exposés aux processus métaboliques du foie ; c'est probablement la raison spéculative, que les effets prennent plus de temps à venir lorsqu'on consomme des produits alimentaires, versus fumer. Cette explication est simplifiée, pour ne pas entraîner de longues spécifications scientifiques.

Ce qui pourrait en modifier la structure chimique

Si vous vivez dans un État ou un pays comme le Canada, où, la marijuana est utilisée à des fins récréatives et médicale, l'organisme spécifique de réglementation de l'état, de la province ou du pays est responsable de protéger la santé de leurs citoyens en relation avec la consommation de cannabis, c'est pourquoi ils imposent des tests de salubrité exigeants, tels que :

- **La provenance du produit, pour ne pas laisser passer des produits infectés de pesticides ou de mélanges nocifs venant du marché noir en provenance du Mexique et de Colombie, qui emploient des pesticides défendus et cancérigènes.**
- **Que les produits vieillissants pouvant être infectés de moisissures soient testés avant que le produit ne parvienne au consommateur, etc.**
- **Les concentrations de cannabinoïdes**

Des détails comme le THCA et le THC sur une étiquette peuvent facilement semer la confusion chez le consommateur peu expérimenté ou pour celui qui s'alimentait avant sur le marché noir enduit de pesticides.

Les changements précipités dans le marché et l'affluence de nombreux produits n'apportent pas pour autant plus de connaissance chez le consommateur.

Pourquoi décarboxyler ?

L'utilisateur en général qui a une expérience limitée ne demande qu'à s'instruire sur les principes fondamentaux pour extraire le maximum d'intensité, de la marijuana brute versus la décarboxylation. L'explication simplifiée concernant la décarboxylation est que la décarboxylation transforme le THCA en THC, le CBDA en CBD et active aussi les terpènes et flavonoïdes naturels, présents dans le cannabis.

Le résultat dépend surtout de la fraicheur, de la qualité et des concentrations de cannabinoïdes dans le matériel végétal brut, ainsi que de divers facteurs environnementaux combinés au processus de décarboxylation du cannabis. Quant aux terpènes, ils donnent au cannabis sa saveur et son odeur, que certains n'aiment pas…

Le THCA (le A pour acide) ne produit pas d'effet de « High » et il a été démontré que son interaction neurologique était différente de celle du THC, alors que le CBDA et le CBD, bien que les deux soient non psychoactifs, ils expriment et imitent différemment leurs effets au niveau neurologique.

Prélude à la décarboxylation

La décarboxylation de votre herbe, « weed » également appelée décarburation, est essentielle si vous souhaitez que la forme biologiquement disponible de THC, de CBD ou de divers autres cannabinoïdes moins préférés, soit disponibles pour le corps, sans qu'il soit nécessaire de fumer ou de vapoter le produit. L'herbe de cannabis décarboxylée, en un premier stage, pourra être ensuite utilisée pour infuser des :

- Des huiles végétales diverses, qui pourront être facilement ajoutées instantanément à diverses recettes comme les vinaigrettes, des mélanges d'épices, des gourmandises, des breuvages et même des sirops, dont tous ces mets pourront produire un niveau de « high » selon la dose induite dans vos recettes. Et cela, autant pour le thérapeutique que pour le loisir.
- Des beurres, tel le cannabutter, demandé dans beaucoup de recettes.
- Des graisses peuvent remplacer le beurre.
- L'alcool, employé surtout pour les teintures à hauts niveaux d'intensités, ou atomiseurs oraux, surtout employées dans le domaine de la santé et ceux qui ont les moyens de se le payer.
- Précisons que l'huile de noix de coco est le média le plus employé, dans les déserts, pour sa haute teneur en matières grasses saturées d'environ 50 %, comparée aux autres huiles n'ayant que moins de 20 %.
- Pourquoi des huiles, des graisses, du beurre, de la glycérine et de l'alcool ? Tout simplement parce que la résine chauffée (un genre de goudron) ne se mélange pas avec l'eau (à moins que l'eau soit mélangée à un haut taux d'alcool + — 70 %).

Pour plus de précisions

Si l'on ne s'en préoccupait pas, diverses variétés parentes au cannabis, tels le chanvre, le houblon pour la bière et la marijuana, pousseraient normalement à l'état sauvage dans la nature, dans des conditions environnementales normales, de même que tout ce qui pousse alentour de nous ; et sans s'en préoccuper, elles produiraient quand même des fleurs et mourraient dans un cycle naturel.
Mais des chercheurs en ont découvert les bienfaits, mais

gardés, sous pression, dans le secret par nos systèmes capitalistes, dans le but de nous gaver de pilules chimiques et d'enrichir les multinationales, à nos dépens…

Fumer ! HÉ !

C'est pourquoi fumer ou vapoter de la marijuana était les méthodes perpétuées depuis des millénaires, pour utiliser la marijuana. D'après de vieux documents, un empereur chinois, consommaient de la marijuana « le chanvre » il y a 5 000 ans…

Et, tout simplement parce que le mystère fut simplifié par le chercheur consommateur moderne, qui en avait assez de sacrifier des années de sa vie pour de la fumée ; (une importante cause de décès après souffrance du cancer des poumons). Et, finalement, la recherche a apporté une solution intermédiaire à fumer.

La décarboxylation

Bien que la chaleur soit l'agent de transition dans le procédé de décarboxylation, le procédé de transformation chimique fonctionne à un certain degré de chaleur stable. La décarboxylation aide non seulement à activer les cannabinoïdes, mais si elle est réalisée à des températures trop élevées, elle pourrait suractiver le produit, ou si trop basses, amoindrir le résultat final de la décarboxylation, modifiant ainsi totalement les bénéfices de l'effet attendu.

La température, entre 225 F — 235 F (110 C-112 C) pendant 45 minutes à 1 heure semblent donner de bons résultats.

CHAPITRE quatre

VOTRE EXPÉRIENCE
commence ici :

- Déterminer la dose pour infusion
- Quantité de cannabis nécessaire
- Finement broyée pour faciliter (décarburation)
- Dans un récipient plat pour le four (plaque à pâtisseries)
- Bien étaler votre cannabis pour le séchage

D'abord, vous devez mesurer votre quantité désirée de cannabis pour la décarboxylation. (Débutez petit à petit) Cela varie en fonction de l'utilisateur et de la dose prévue que vous voulez injecter après décarboxylation, dans le beurre, graisse, huile ou huile de coco, et peut-être même un sirop de miel ou de teinture.

Assurez-vous qu'il est finement broyé et placez-le dans une plaque è pâtisseries pouvant aller au four.

Étaler uniformément dans le récipient, pour ventilation.

Préchauffez le four à 230 F (110 C)

Ensuite, placez le récipient dans le four, sans couvert et (assurez-vous que la température du four ne monde jamais plus haut ni plus bas que 230 - 235 F [110 C], car les fours ont une variance de 10 degrés en + et en moins).

Au bout de 20 minutes, remuez vitement un peu votre herbe, pour ventiler et assurer une décarboxylation égale. Approchant une heure, retirez du four et laissez reposer. Attendez un peu, avant d'enlever votre réussite de la plaque. Maintenant, votre cannabis chimiquement transformé et amolli pourra servir adéquatement pour infuser le média de votre choix, tel que précisé un peu plus haut dans cet article…

Faites votre propre expérience

Faites votre propre expérience, car tout dépendra du matériel de cannabis que vous avez en main : sa fraicheur, son âge, sa provenance, sa variété et pour finir, le besoin recherché…

Faire votre beurre de canna (cannabutter)

Avant de faire quoi que ce soit, il y a des étapes à suivre et il y a tellement de méthodes pour transformer votre herbe magique, mais nous vous présentons les plus expérimentées et faciles. Si vous cuisinez de petites recettes de temps en temps, vous n'avez pas à faire de décarboxylation importante. La recette de cannabutter suivante inclut un procédé différent et rapide qui inclue un genre de décarboxylation et injection en même temps.

Le cannabutter (beurre de canna)

Le cannabutter est l'un des ingrédients « médiums » les plus suggérés dans la majorité des recettes de bouffes et de collations. Le beurre de Cana peut aussi être préparé avec les graines de semences. Mais, pour être infusé, tout doit passer par un processus de décarboxylation, sinon vous n'aurez que de l'herbe brute avec un peu plus d'effets que manger de la salade. Cependant si vous la faites bouillir dans votre sauce spaghetti, c'est certain que tout le monde va au moins ne rire pour presque rien, alors si vous avez des jokes plates, c'est le temps de les passer...

Comment faire le Cannabutter (débutant)

Avec cette recette de cannabutter, facile à faire et rapide, vos comestibles seront plus rapides à préparer. Cependant, elle n'est pas le procédé pour retirer le maximum d'intensité en THC et CBD pour votre argent. Mais idéal pour le débutant.

Ingrédients :
- **4 grammes (1/8 once) de cannabis**
- **1 baguette de beurre (125 ml)**
- **6 tasses d'eau (1 1/2 L)**

Cuisinons :
Mettez (1/8) once 4 grammes de cannabis dans un moulin (mixer) et transformez-le en une texture pas trop fine. (doublez si vous voulez plus de cannabeurres)
Faites surtout attention au niveau de THC de la souche que vous utilisez, car des niveaux plus élevés de THC donneront un beurre plus puissant. (Mais n'importe laquelle partie de la plante peut donner quelque chose).
Ensuite, verser 6 tasses d'eau dans un chaudron et faire chauffer au point de mijoter (ne pas bouillir).
Ajoutez-y le bâtonnet de beurre (125 ml) et votre cannabis moulu dans l'eau, à petit feu, et laissez fondre le beurre.
Pendant que le beurre fond et que déjà vous sentez l'odeur fraîche de cannabinoïdes qui envahit la pièce, laissez mijoter.
Laissez mijoter et remuez de temps en temps pendant au moins une heure en surveillant de ne jamais faire bouillir à gros bouillon.

Plus vous chauffez longtemps le cannabis, plus les cannabinoïdes seront extraits en intensité ; mais pas plus que deux heures.

Attention : à aucun moment du processus, vous ne voulez laisser l'eau atteindre son point d'ébullition à gros bouillon. Si le cannabis est cuit à une température d'ébullition, les cannabinoïdes seront réellement « brûlés » ou évaporés et le beurre perdra de son efficacité et intensité.

Après environ 1 1/2 heure 1 ¾, ou moins si vous jugez que votre première expérience vous satisfait.

Retirez du feu et laissez refroidir quelques minutes.

Préparez la passoire dans laquelle vous étendrez l'étamine pour filtrer votre liquide magique.

Mettre la passoire sur un plat de plastique assez grand pour contenir votre précieux stock et pas trop haut pour qu'il entre dans votre réfrigérateur.

Employez toujours une passoire pour soutenir l'étamine, ne prenez pas le risque de l'attacher avec un élastique alentour du plat de plastique. (comme certains font sur l'internet).

Ensuite, versez lentement le contenu du chaudron sur le coton à filtrer (l'étamine), pendant qu'il est encore chaud.

Laissez égoutter le précieux beurre, qui ressemble plus à de l'huile, jusqu'à la dernière goûte, pour en retirer le maximum.

Essorez avec le dos d'une cuillère pour récolter encore plus, mais ne jetez rien, ni l'eau grasse, ni le coton à filtrer (étamine) et son précieux stock encore bon, ni votre chaudron de cuisson vide, qui iront tous au réfrigérateur ensemble.

Plus tard, dans une autre opération, tous les résidus serviront pour faire des thés, cafés, soupes ou autres breuvages.

OUF ! Quelle affaire !

Retirez le coton à filtrer (l'étamine) et gardez-le dans le chaudron avec tous les ustensiles (pour ne rien perdre du précieux jus). En attendant, faites-vous un thé ou café et rincez la passoire avec, pour récolter un premier bon breuvage dont vous commencerez à ressentir les effets dans les quinze à vingt minutes.

Les dernières gouttes recueillies, mettre votre récipient de plastique au réfrigérateur et laissez reposer pour 5 ou 6 heures afin de laisser le beurre durcir et se séparer de l'eau. **Dans le réfrigérateur,** le beurre de canna va lentement se séparer de l'eau et se solidifier en montant et flotter au-dessus de l'eau pour former une couche de beurre verdâtre, comme suspendue au-dessus de l'eau, comme par miracle.

Cinq (5) heures passées, votre réussite est flagrante, sortez votre plat de plastique et constatez le résultat.

Sortez aussi votre premier chaudron de cuisson et faites un petit sac avec le coton à filtrer (l'étamine) et son contenu, et attachez-le avec de la corde de cuisson et laissez-le dans son chaudron (pour recevoir l'eau de la cuisson)

Ensuite :

Faites des petits trous dans le beurre, sur le bord du plat de plastique, afin de lasser sortir l'eau et versez-la dans votre premier chaudron de cuisson, où est aussi votre petit sac plein de bon stock.

Grattez le beurre et réfrigérez-le dans un contenant hermétique plus petit. Si jamais vous voulez le conserver longtemps, alors remplissez-le d'eau pour empêcher l'oxygène de le vieillir (ou de le moisir).

Maintenant vous avez de la marijuana comestible pour cuisiner.

POUR TERMINER :

Amenez votre premier chaudron à ébullition avec votre petit sac dedans et laissez mijoter en brassant pour 10 minutes, rincez aussi votre plat de plastique, retirez votre petit sac et lassez égoutter.

Gardez ce liquide au réfrigérateur et faites des expériences avec vos tisanes, café, soupe et régalez-vous.

Grâce à tous ces petits trucs, vous en aurez pour votre argent et le plaisir avec vos amis.

Pourquoi l'huile de noix de coco (no 1)

L'huile de coco est devenue l'un des super-aliments les plus populaires sur le marché. L'huile de coco est une huile saturée composée principalement d'acides gras (acide laurique) à liaisons moyennes, à 50 %, comparées à l'huile d'olive première pression qui est de 30 % en matière grasse saturée. L'huile de coco a été associée à de nombreux avantages médicaux pour ses propriétés antioxydantes, la prévention de la perte osseuse et une accélération marquée du temps de guérison des plaies. L'huile de coco avec du cannabis en fait une huile magique, elle est si couramment utilisée, qu'on l'ajoute à presque tout. Elle est la meilleure huile pour être associé à la décarboxylation et en obtenir le plus haut taux d'intensité en résine activée pour en extraire le THC et CBD.

Avantages de l'huile de noix de coco-canna

Selon des chercheurs assidus, il est maintenant bien entendu, à l'unanimité, que les avantages de l'huile de coco sont incomparables, par rapport aux autres huiles, pour un lien maximum avec le cannabis. Étant donné que l'huile de coco est riche en acides gras, elle peut créer un puissant agent de liaison pour les cannabinoïdes.

En la comparant à d'autres huiles qui ne contiennent que 20 % de matières grasses saturées, le cannabis et l'huile de noix de coco sont littéralement une alliance parfaite dans l'union : cannabis/huile de noix de coco.

Il faut cependant préciser que les teintures d'aujourd'hui, contenant de l'alcool, peuvent atteindre une concentration d'intensité à près de 90 à 100 %, selon le procédé et les matériaux employés lors de l'extraction solubilisée par l'alcool.

Faire votre huile de noix de coco-canna

Cette huile magique est la plus employée dans quelle que soit la recette et pour diverses médications.

Ingrédients :

- 1/2 oz (15 g) de Cannabis (obtenez des bourgeons de qualité)
- 1 tasse (250 ml) d'huile de noix de coco (bio est le meilleur)

Cuisinons :

Étendez plusieurs doubles de coton-fromage et placez uniformément vos bourgeons au centre sur le dessus.
Émiettez-les à la main pour les rendre plus pénétrants par l'huile chaude.
Repliez les extrémités opposées pour emprisonner vos bourgeons et en faire un genre de sac à tremper.
Nouez votre sac de bourgeons avec de la ficelle de cuisine.
Laissez libres sans serrer les bourgeons, pour laisser le sac s'écraser au fond du chaudron.
Remplissez le fond d'une chaudière double (bain-marie) avec quelques centimètres d'eau dans le chaudron du bas. Placez le second sur le dessus et chauffez à ébullition douce. (mijoter

seulement, non bouillir à gros bouillon)

Si vous n'avez pas de bain-marie, employez une casserole et un chaudron plus petits que vous mettrez dedans.

Ajouter la tasse d'huile de coco dans le chaudron du haut et laissez fondre et aussitôt votre huile de noix de coco fondu, ajoutez votre paquet (petit sac) de bourgeons dans le chaudron du haut, dans l'huile.

Ajoutez environ 1 tasse d'eau, juste assez pour couvrir le paquet de vos bourgeons que vous venez de placer dans votre chaudron du haut.

Surveillez la chaleur, mijoter, mais il ne faut jamais amener à grande ébullition.

Laissez mijoter pour environ 1,5 heure. Quand le mélange est devenu vert, retirez et rangez le sac et laissez votre liquide refroidir.

Une fois assez refroidi, le mélange devrait former deux couches distinctes, l'eau en bas et l'huile durcie en haut. Il suffit de percer quelques trous dans l'huile et de laisser l'eau s'écouler. (Toujours garder vos objets de cuisson, car il y a encore beaucoup de produits imbibés dedans, à récupérer pour vos breuvages).

Conservez dans un récipient en verre et c'est terminé.

Et, certains en reste là, mais il y a de la magie dans cette eau que certains se débarrassent, ainsi que dans les résidus dans votre petit sac. Vous pouvez en faire un liquide que vous ajouterez à tout ce que vous aimez, liquide ou solide.

COMMENT :

Une fois refroidie, vous pourrez retirer votre huile assez durcie pour l'enlever avec une spatule. Ensuite, retournez votre bain-marie sur la cuisinière et recommencez le processus pour retirer le maximum pour votre argent. Répétez le processus encore une fois et gardez le liquide pour vos cafés ou vos thés et autres.

Mais n'oubliez pas d'identifier vos pots Masson avec assez de précision pour vous en servir plus tard avec efficacité. Et servez-vous de cette expérience pour vos réalisations futures...

Où ? Employer huile de coco-canna.

Le beurre de noix de coco est surtout employé dans les desserts, collations et certains breuvages. Mais, la caractéristique principale de l'huile de noix de coco est sa teneur concentrée en gras saturé qui est supérieure aux autres huiles employées pour l'étape la plus importante pour extraire le plus d'intensité pour votre argent en THC et en CBD. Avant la décarboxylation, le produit brut est du THCA et du CBDA (A pour acide), mais pour en extraire la résine active, le matériel doit être amolli par une chaleur constante et chimiquement, transformé par la chaleur et ensuite être induit, soit d'alcool ou de graisse, huile, beurre, pour être enfin soluble avec des liquides et des aliments. Étant donné que l'huile de noix de coco est la plus concentrée en matières grasses saturées, elle demeure la préférée. Mais ne dédaignons pas l'alcool.

Faire votre huile de Cana

Même si l'huile de canna est beaucoup employée dans les desserts et breuvages chauds, froids et les soupes, les teintures présentent une si grande facilité que les marchés seront bientôt inondés de ces produits extraordinaires.

Faire de l'huile de cannabis avec des ingrédients de base

Ingrédients :
- 1/2 once de marijuana, d'ornement ou de bourgeons finement

moulus
- **28 oz d'huile d'olive extra-vierge pression à froid ou à votre choix. (Si vous préférez, employez l'huile d'arachide, car elle n'a aucun goût)**

Cuisinons :
Amenez à ébullition votre huile dans une casserole, et baissez le feu à doux, juste avant de bouillir.

Il ne faut pas qu'elle bouille à gros bouillon.

Ajoutez-y 1 ½ once (30 g à 45 g) de cannabis finement moulu et mélangez bien.

Surveillez constamment, assurez-vous que le cannabis ne bout pas, entre 1 ½ à 2 heures de cuisson lente.

Lorsque les bourgeons seront transformés, par ce genre de décarburation, après environ 1,5 à 2 heures, retirez du feu.

Passez votre huile de canna dans une passoire très fine ou l'étamine et une fois bien filtrée là dans un bocal pour conserver votre mélange magique d'huile de canna.

Beaucoup de recettes nécessitent soit l'huile de canna, le cannabutter ou la teinture de cannabis et aussi le miel infusé à la teinture de cannabis ou l'huile de noix de coco.

Ranger le pot d'huile de canna dans un endroit sombre ou au réfrigérateur et bien identifier la sorte d'huile, pour ne pas les mélanger avec vos autres huiles ou beurres de différentes forces d'intensité et qualités.

Vérifiez l'intensité, car cette huile pourrait être aussi forte que la teinture, à l'exception qu'elle ne contient pas d'alcool.

Soyez prudent dans le dosage de votre café, et ne conduisez pas avant d'être à votre travail. Employez quelques gouttes dans votre café du matin, car cette huile ouvrira vos sens.

Parlez-en à votre patron avant, car si vous travaillez dans la création, il devait être d'accord, s'il est un peu réveillé à la réalité moderne...

Faire votre lait de canna (canna-Milk)

Nécessaire dans plusieurs recettes

Ingrédients :

* 1 litre de lait entier, ou de lait gras, ou de lait de coco, ou de lait d'amande végé.
* 25 grammes de votre meilleure marijuana : « tops ».

Cuisinons :

Si vous n'avez pas de bain-marie, employez une casserole, et un plus petit chaudron.
Verser quelques centimètres d'eau dans la casserole moyenne et amener l'eau à mijoter à feu moyen, à une légère ébullition.
Dans un autre bol en acier inoxydable plus petit, combinez vos 25 g de bourgeons « tops, fleur, bourgeon » de cannabis avec votre litre de lait et commencez à les fouetter ensemble pour les ameublir, lentement et uniformément.
Réduisez l'ébullition d'eau à feu doux dans votre casserole pour que le liquide se maintienne à mijoter doucement.
Placez le bol en acier de sorte que le fond du bol touche l'eau chaude à l'intérieur de la casserole. Cela maintiendra votre lait à une température stabilisée pour l'empêcher de cailler.
Maintenir la chaleur basse et cuire lentement le lait et la marijuana pour éviter que le THC ne soit ruiné.
Remuez de temps en temps avec votre fouet pour garder le mélange en émulsion.
Laissez cuire le Cannamilk de 30 minutes jusqu'à 2 ou 3 heures, selon le degré de vigueur désiré.
Surveillez, que le temps de cuisson se déroule avec une chaleur très basse.
Une fois prêt, filtrez le mélange à travers un filtre très fin ou l'étamine en prenant soin de bien récolter tout le précieux liquide.
Enlevez ce qui reste de résidu après avoir presque asséché

avec le dos d'une cuillère.

Conservez votre Cannamilk fraîchement préparé au réfrigérateur, pour jumeler avec d'autres recettes à venir. Vous avez maintenant assez de lait-canna pour votre café du matin, léger sans que ça paraisse à votre travail ; à la condition d'être raisonnable…

Pour une plus grosse quantité, doublez ou triplez les ingrédients.

La teinture de canna

Les produits de teintures :

Les amateurs de cannabis vous diront sûrement tous que les teintures sont le summum des moyens instantané et fluide, d'ingérer sa dose… Le cannabis liquide a été l'un des moyens les plus populaires pour consommer du cannabis avant qu'il ne soit rendu illégal aux États-Unis en 1937. À un retour en arrière dans le temps, les médecins américains prescrivaient fréquemment les teintures de cannabis médicinal à leurs patients, pour presque tout ce qui les avait rendus malades. Dans les États où le cannabis est légal, les teintures restent une option médicale populaire pour ceux qui ne peuvent ou ne veulent plus fumer ou vapoter.

Vous pouvez fabriquer des teintures de cannabis en trempant une fleur de cannabis dans de l'alcool ou de la glycérine. Un avantage des teintures est qu'elles sont incroyablement discrètes et agissent rapidement. Elles ont peu ou pas d'odeur, sont faciles à camoufler sur vous et offrent un contrôle de dosage facile, à la goûte. De plus, les teintures et les boissons sont considérées comme l'un des moyens les plus sûrs de consommer de la marijuana, surtout parce qu'elles ne représentent aucune menace en général pour la santé et surtout pour les poumons. L'autre avantage est la rapidité des effets précoces ; dans les quinze minutes et le High n'est pas très loin…

Trop de procédés inondent le net.

MON PRÉFÉRÉ:

- L'alcool et la glycérine :

1. Laissez tremper votre cannabis dans 1 po (3 cm) plus haut d'alcool, dans un pot Mason pendant cinq jours.
2. Après cinq jours, mettre 3 po (7,5 cm) d'eau dans une casserole et plier en quatre une débarbouillette et disposez-là en dessous du pot Mason, pour faire une couche thermique ; et plongez votre pot dedans, le couvercle desserré et faire chauffer jusqu'à ébullition et laissez mijoter 20 à 40 minutes. (sens un peu)
3. Laisser refroidir et retirer le liquide alcoolisé dans un plus grand pot Mason et mettre de côté.
4. On recommence le même processus (1) avec de l'eau distillée (seulement), bouillir pour cinq minutes. Retirez videz dans votre premier pot Mason contenant l'alcool.
5. On recommence le même processus (4), mais avec de la glycérine.
6. Après cinq minutes au feu, incorporez ensemble le tout après avoir rincé à l'eau distillée bouillante tous vos ustensiles, mais conservez l'eau. Et bouillir le tout.

Et si vous n'aimez pas l'alcool, alors, faites bouillir jusqu'à évaporation de l'alcool qui se vaporisera avant l'eau. Et si l'eau vous dérange, laissez bouillir aussi jusqu'à évaporation... Mais l'idéal est de garder le tout sans trop bouillir et ne pas évaporer ce liquide tellement versatile.

Filtrez bien et gâtez-vous.

Vous pouvez séparer cette recette en différentes forces pour différentes fusions avec des aliments et liquides. Si vous gardez l'alcool, la rapidité du « HIGH » va vous surprendre...

Senteur et pot Mason

Pour ceux qui ont l'habitude de faire leur propre conserve, la méthode du pot Mason ne sera pas nouvelle.

Mon ami Paul était un fervent de la conserverie. Sa chambre froide dans le sous-sol était deux fois plus grande que sa garde-robe. Chaque automne, il faisait ses conserves de tomates et autres avec au moins 6 douzaines de pot Mason et il n'a jamais eu de pots cassés ni craqués.

Mais si vous plongez complètement le pot dans l'eau bouillante :

- Ne jamais remplir le pot complètement, pour permettre l'expansion, (un pouce du couvercle).
- Ne jamais mettre un pot froid directement dans l'eau bouillante.
- Laissez mijoter le temps que vous voulez, car l'eau ne monte jamais plus chaude que 220 F (106 C), donc rien ne brûlera, mais une heure est raisonnable.

Certains préfèrent le four à 220 F (106 C) pour 40 minutes de décarboxylation.

Ou la méthode dans la mijoteuse ou bain-marie, avec un peu d'eau dans le fond, Mais :

- Si le pot n'est pas complètement submergé dans l'eau, vous utilisez une mijoteuse avec le couvercle serré, mais au début, après 15 minutes, desserrez pour ventiler et resserrer. Ainsi la senteur ne sera pas trop répandue.

Enfin, quel que soit la méthode de décarburation, vous laissez reposer un peu et insérez votre huile de noix de coco et votre cannabis :

- 2 cuillères à soupe pour chaque gramme de cannabis.

Ensuite la méthode du bain-marie, ou de mijoteuse (si vous n'avez pas de bain-marie, voir détails à la fin de la recette de Crème des Anges.

Ensuite faites mijoter avant d'aller au travail et au retour, tout sera prêt…

CHAPITRE cinq

Des recettes de cannabis adaptées pour que ça coule bien dans notre système digestif !

LES RECETTES de canna

Commencent ICI

Recettes renommées, de partout dans le monde, dont certaines viennent d'agriculteurs.

Avertissement :
La quantité d'huile ou de beurre ou de teinture au cannabis indiquée dans ces recettes est une suggestion très vague, car il est impossible de savoir le % d'intensité des cannabis que vous avez en main. La quantité réelle que vous devez utiliser doit être modifiée en fonction de la force de vos produits de cannabis et de la puissance désirée en tenant compte aussi de la capacité d'absorption individuelle de chacun. Doser des aliments maison peut être obligeant. Le meilleur moyen de tester votre résultante est donc de commencer avec une portion réduite pour découvrir votre tolérance, dans ce cas une cuillerée à thé, puis d'attendre une à deux heures, et alors, décider en connaissance de cause d'aller plus

« HIGH ». Dosez toujours avec sureté et écoutez votre corps et ne conduisez jamais sous l'influence du cannabis.

-

LES SOUPES

Étant donné qu'il est impossible pour nous de savoir quelles intensités et qualités du cannabis que vous avez en main, c'est alors aussi impossible pour nous de spéculer sur le dosage de vos aliments ! Alors, les quantités suggérées pour chaque recette sont seulement une suggestion, en spéculant que vous employez des produits de bonne qualité et d'intensité adéquate. Alors, par sagesse, soyez prudents dans vos dosages et commencez en expérimentant avec de petites doses de cannabis à la fois et progressez petit à petit. Mais, ne prenez surtout pas le risque de cuisiner et d'ingérer des produits de vidanges qui viennent du marché noir. À moins que les insecticides et les mélanges douteux vous fassent triper… Si vous pensez que c'est OK pour vous, alors fumez-les, mais au moins ne les ingérez pas, si oui, vous détruisez votre estomac et votre système immunitaire… Aimez la vie !

Soupe à l'oignon-canna

Ingrédients :
- **4 ou 6 gros oignons émincés**
- **1/2 à 1 once de marijuana finement tamisée (15-30 g)**
- **4 cuillères à soupe de farine (48 g)**

Cuisinons :
Dans une casserole, faites sauter 4 ou 6 gros oignons émincés, dans une portion généreuse d'huile ou de beurre. Lorsque les oignons sont presque cuits, mais avant de commencer à brunir, incorporer 1/2 à 1 once de marijuana

finement tamisée.
(Cette portion de la recette est selon ce que vous avez en main).
Continuez à faire sauter jusqu'à ce que les oignons commencent à brunir et retirez la casserole du feu. Ensuite, saupoudrez les oignons de 4 cuillères à soupe avec la farine et mélangez bien.

Couvrez la casserole et remettez-la sur la cuisinière, à feu doux, pour environ cinq minutes.
Remuez toutes les quelques minutes.

Dans un chaudron à part, pour finaliser votre soupe, faites chauffer une pinte d'eau (568 ml) et transvidez tout votre jus d'oignons dans cette eau chaude.
Rincez bien la casserole avec un peu d'eau et retournez ce jus précieux dans le chaudron de soupe.

(N'oubliez pas que les graisses au fond de la casserole contiennent une grande partie de THC et CBD. Et de plus, l'huile aidera à l'assimilation).
Ajoutez les assaisonnements selon votre choix et laissez mijoter pendant trente minutes.

Assaisonnements pour la soupe :
- **Vin, cognac ou du brandy**
- **Crème sure**
- **Fromage parmesan**
- **Paprika...**
- **Ou assaisonnements pour soupe à l'oignon**

Ajouter n'importe lequel assaisonnement (selon votre goût).
Ajouter un peu vin, cognac ou du brandy.

Servir avec une garniture de crème sure, Fromage parmesan, paprika ou assaisonnements pour soupe à l'oignon.

Bien mélanger avant de servir, afin que chacun reçoive une portion égale de ce qu'il y a dans le fond et le délicieux liquide sur le dessus.

L'extraction des propriétés de THC et de CBD s'est opérée à travers l'huile et les ingrédients graisseux et alcoolisés, sans avoir à passer auparavant par la décarboxylation.

Cette recette est spéciale, le goût de l'herbe devient intégré avec celui de l'oignon. La crème sure ajoute plus de matières grasses pour aider à l'assimilation et l'alcool aide aussi, à travers les membranes de l'estomac…

Cette soupe est un exemple de base idéal pour la création de votre propre modèle de soupe. Au lieu de l'oignon substituez ou ajoutez :

- **Des champignons**
- **Des asperges**
- **De la crème 35 %**
- **Votre choix d'épices**
- **Choix de vin plus corsés**

Pour appliquer vos propres variantes à vos recettes, par exemple, utilisez des champignons, des asperges ou autres choses qui vous viennent à l'idée d'essayer ; au lieu de la crème sure, de la crème 35 %. Et le choix des épices est innombrable…

Prenez des notes, elles serviront pour varier les ingrédients pour la création de votre prochaine soupe.

Soupe aux poulet et nouilles Canna
Contre le rhume

Les soupes au poulet sont favorites surtout dans la saison froide

des rhumes et des grippes et d'y ajouter du cannabis en fait un remède de prévention idéal et même de traitement...

Ingrédients :

- 1/2 tasse d'oignon haché (125 g)
- 1/2 tasse de céleri haché (125 g)
- 1/2 livre de poitrine de poulet cuit haché (225 g) ou pour traiter le rhume substituez pour les gisiers et cœurs de poulet et rajoutez du lime ou citron.
- 5 onces de bouillon de légumes (150 ml)
- 60 onces de bouillon de poulet (2 L)
- 2 cuillères à café de beurre de canna (cannabutter) (10 g)
- 1 cuillère à soupe de beurre salé (15 g)
- 1 1/2 tasse de nouilles aux œufs (375 g)
- 1/2 cuillère à café de basilic séché (7 g)
- Sel et poivre (à votre goût)
- 1/2 cuillère à café d'origan séché (7 g)
- 1/2 tasse de carottes hachées (125 g)
- 1/4 tasse de pois (65 g)
- 1 tasse de carottes tranchées (250 g)

Cuisinons :

Le cannabeurre peut être substitué par de la canna-huile.

À l'aide du beurre de cannabis mélangé avec le beurre salé, faites cuire l'oignon et le céleri pendant environ 3 à 5 minutes. Assurez-vous de ne jamais faire bouillir le beurre et risquer de le brûler et maintenez-le à feu moyen en mélangeant régulièrement.

Ajoutez le poulet et le bouillon de légumes et mélangez activement encore.

Ajouter les nouilles, le basilic, le sel et le poivre, l'origan, les carottes et les pois.

Si vous utilisez une teinture ou si vous souhaitez augmenter la dose en utilisant une teinture, ajoutez ici. Si c'est pour le rhume, ajoutez (65 ml) ¼ de tasse de Crème des Anges.

Ajoutez ensuite le bouillon de poulet.

Amenez la soupe à ébullition et baissez aussitôt le feu. Laissez mijoter pendant environ 22 minutes en surveillant attentivement. En mijotant, compensez l'évaporation avec de l'eau et moitié bouillon de poulet. Vous pouvez doubler les ingrédients pour aider à se débarrasser du rhume. Et une petite coupe de Crème des Anges pourrait aussi dérouter votre symptôme...

Environ 6 portions

Soupe Cannabis Tomate et fromage

La soupe aux tomates avec fromage fondu et grillé est un délice familial. C'est ce qui en fait une des soupes préférées, au cannabis.

Ingrédients :
- 1 oignon haché moyen
- 4 grosses tomates
- 10-15 petites carottes hachées
- 2 branches de céleri hachées
- 1 grosse boîte de sauce tomate
- 1 cube de bouillon de poulet, ou de bœuf ou de légume
- 1 cuillère à soupe d'origan haché (15 g)
- 2 cuillères à soupe de basilic frais haché (30 g)
- 3 cuillères à soupe de cannabutter (45 g) mélangé avec le beurre ordinaire
- 3 cuillères à soupe de beurre ordinaire salé (45 g)
- 2 gousses d'ail râpées
- 200 ml de crème à fouetter (4/5 de tasse)
- Ajoutez du sel et du poivre au besoin.

Cuisinons :
Sur feu moyen à doux, faites fondre le beurre ordinaire mélangé avec le cannabeurre dans un grand chaudron et ajoutez-y les oignons, les tomates, les carottes et le céleri et

faire mijoter environ 10 minutes. (le beurre salé est préférable, car il peut chauffer plus sans brunir)

Ajouter la sauce tomate, le cube de bouillon de poulet, l'origan, le basilic et l'ail et laissez mijoter encore 12-15 minutes.

Versez ensuite le tout dans un malaxeur et laissez brasser en ajoutant lentement la crème fouettée en laissant mélanger, jusqu'à devenir homogène. Rajoutez de la sauce tomate si elle est trop épaisse à votre goût.

Reportez votre soupe dans votre chaudron et laissez chauffer lentement, sans bouillir, jusqu'à ce quelle soit chaude.
Retirez du feu et rajoutez des ingrédients selon votre goût en brassant telles de la lécithine ou un peu de Crème des Anges…
Environ 10 portions à déguster.

Soupe aux boulettes de Poulet canna

Une soupe épaisse et crémeuse au poulet dans laquelle le canna rehausse la saveur.

Ingrédients pour la soupe :
- **4 tasses de bouillon de poulet (1 L)**
- **1 tasse d'eau (250 ml)**

Assaisonnements :
- **2 cuillères à soupe de beurre salé (30 g)**
- **2 cuillères à soupe d'assaisonnement à la volaille (30 g)**
- **1 cuillère à café de poudre d'oignon (5 g)**
- **1 cuillère à café de poudre d'ail (5 g)**
- **1 cuillère à café de sel de mer (5 g)**
- **1 cuillère à café de persil séché (5 g)**

- 1 cuillère à café de basilic séché (5 g)
- ½ cuillère à café de poivre noir (3 g)

Poulet et légumes :
- 1 livre de poitrine de poulet sans peau cuite (450 g)
- 2 tasses de pois (450 g)
- 2 tasses de carottes (450 g)

Dans un bol à part
- 1 tasse de farine tout usage (115 g)
- 3 tasses de lait (750 ml)

Cuisinons :
En premier, faire cuire le poulet.
Dans un grand chaudron, ajoutez le bouillon de poulet, l'eau, le beurre ordinaire et tous les assaisonnements et amenez à ébullition.
Couper la poitrine de poulet cuite en bouchées et l'ajouter à la soupe. Couvrir et poursuivre la cuisson à feu moyen pendant environ 5 à 10 minutes.

Dans un bol séparé, mélanger la farine et le lait jusqu'à consistance lisse.
Ajoutez lentement le mélange dans la soupe avec les légumes et couvrez.
Cuire pendant encore, environ 10 minutes et commencer à faire les boulettes.

Ingrédients pour les boulettes
- 1 ¼ tasse de farine (145 g)
- 1 cuillère à soupe de levure chimique (15 g)
- 2 cuillères à café de sucre (10 g)
- ½ cuillère à café de sel (3 g)
- 2 cuillères à soupe de cannabutter (30 g)
- 2/3 tasse de lait (150 ml)
- 2 cuillères à soupe de persil ou d'aneth haché (30 g)

Cuisinons les boulettes :

Dans un grand bol, mélangez la farine, la poudre à pâte (levure chimique), le sucre et le sel.

Ajoutez le cannabutter et mélangez bien et ajoutez le lait et mélangez encore jusqu'à ce que la pâte amollisse et forme un ballon.

Faites des boulettes de pâte avec une cuillère à soupe et ajoutez-les lentement à la soupe une à une.

À la fin, pour épaissir la soupe, si nécessaire, ajoutez plus de farine mélangée avec du lait.

Couvrir et réduire le feu pour laisser mijoter pendant environ 12-15 minutes.

Et servez !

NOTE : dosage

Le dosage de toutes les recettes doit être ajusté lors de l'infusion du cannabutter, surtout si vous cuisinez avec des teintures que vous pouvez ajouter à vos recettes pour en augmenter la puissance.

Soyez prudent avec le dosage, commencez petit à petit et augmentez selon votre propre capacité d'absorption, qui pourrait être différente pour chacun de vos invités et dosez individuellement selon leur système digestif. Certains peuvent être malades d'une portion trop forte.

Les soupes, les thés, les cafés avec du cannabis peuvent procurer des High assez rapides par rapport aux autres produits alimentaires.

Secteur Pensée

Le pauvre riche est riche seulement parce qu'il cherchait la richesse qu'il n'avait pas, en lui-même.

La preuve est qu'il en aura jamais assez.

Et la résulte, est que la pauvreté du riche sera éternelle; c'est pour cette raison qu'il y consacrera toute sa vie en s'entourrant de brillance, sans réelle valeur.

Jasselin

CHAPITRE six

ENTRÉES ET AMUSE-GUEULE

ASPERGES À LA POLONAISE Canna

Ingrédients :
- 3 lb d'asperges fraîches (1 kilo-360 g) ou,
- 2 (sacrets) de 10 oz (284 g) de pointes asperges surgelées.
- 2 c. à table d'oignons émincés (25 g)
- 1/2 tasse de beurre (125 g)
- 2 c. à thé de cannabeurre (10 g)
- 1 tasse de chapelure de pain (250 g)
- 2 c. à thé de Basilic séché ou d'estragon (10 g)
- 1/3 tasse de jus de citron (75 ml)
- 1 c. à thé de sel (5 ml)
- 1/2 c. à thé de poivre (2 g)

Cuisinons :
Placer les pointes d'asperges dans une casserole couverte contenant environ 1/2 Po d'eau bouillante (1,2 cm).
Couvrir et laisser mijoter jusqu'à tendre et croustillante,

environ 10 min.

Dans une petite poêle, sauter les oignons légèrement dans le beurre.

Ajouter la chapelure, les assaisonnements et brunir légèrement incorporer le jus de citron, le sel et le poivre et mélangez le tout avec le cannabeurre fondant.

Disposer les asperges égouttées sur une plaque chauffante et garnir du mélange de chapelure.

Pour 6 à 8 personnes.

ASPERGES À LA CHINOISE Canna

Ingrédients :
- **36 pointes d'asperges**
- **1/4 tasse de beurre (50 g)**
- **2 c. à thé de cannabeurre (10 g)**
- **3 c. à table de sauce soya (40 ml)**
- **Pincée de poivre**

Cuisinons :
Couper les asperges en diagonale en tranches de 1/4 Po (10 mm). Dans une grande poêle, sauter dans les 2 beurres mélangés, les asperges jusqu'à ce qu'elles soient tendres, environ 6 minutes.

Environ 2 minutes avant la fin de la cuisson, ajouter la sauce soya et le poivre.

Pour 4 à 6 personnes.

Trempette Artichaut au Cannabis

Ingrédients :
- **1 ½ tasse de noix de cajou crues (110 g)**

- 1 ½ tasse de lait d'amande nature non sucrée (375 ml)
- 4 c. à soupe de jus de citron fraîchement pressé (60 ml)
- 4 gousses d'ail moyennes à grosses
- 2 c. à thé de levure nutritionnelle (10 g)
- 1 ½ c. à thé de sel de mer (7 g)
- 1 c. à thé de moutarde sèche (5 g)
- 10 c. à thé d'huile de coco infusée au cannabis (50 ml)
- 2 boîtes de cœurs d'artichauts, égouttées et hachées
- 4 tasses de betteraves à carde suisse (environ)

Cuisinons :
Préchauffez le four à 375 °F (190 C)
Dans un malaxeur, combinez tous les ingrédients et mélangez et laissez tremper pendant 1 ½ heure.
Videz ensuite le contenu du mélangeur dans un grand bol.
Incorporer les 2 boîtes de cœurs d'artichauts, égouttées et hachées, 4 tasses de betteraves à carde suisse déchiquetées (peut être remplacé par des épinards)
Mélangez et versez dans un plat allant au four (12 x10) et cuire au four pendant 25-30 minutes ou jusqu'à ce que la trempette d'artichauts au cannabis soit dorée et tiède au centre.
Laissez-la refroidir pendant 15 à 20 minutes et coupez-la en 10 à 12 portions.

CROÛTON AUX ÉPINARDS à l'italienne Canna

Ingrédients :
- 1/3 tasse de fromage Parmesan ou Romano (75 g)
- 4 tranches de pain blanc ou de blé entier, coupées en petits morceaux.

- 1 lb, d'épinards frais ou congelés, hachés (454 g)
- 1 tasse de persil haché (210 g)
- 1 oignon moyen haché
- 1/3 tasse de beurre ramolli (75 g)
- 2 c à thé de cannabeurre (10 g)
- 1/4 c. à thé de basilic (1 g)
- 1/4 c. à thé d'origan (1 g)
- 1 c. à thé de sel (5 g)
- Une pincée de poivre
- 3 œufs battus
- 1 gousse d'ail émincée

Cuisinons :
Dans un grand bol, mélangez tous les ingrédients.
Verser dans un plat carré graissé de 8 po (20,32 cm). Cuire à 325 degrés F (160 C) pendant 30 ou 40 minutes, ou jusqu'à ce que le dessus soit doré.
Coupez en carrés.

Sers 4 à 6 portions.

CHAPITRE sept

MARINADE, beurres à tartiner

Étant donné qu'il est impossible pour nous de savoir quelles intensités et qualités du cannabis que vous avez en main, il est aussi impossible pour nous de spéculer sur le dosage de vos aliments. Alors, les quantités appliquées à chaque recette, sont seulement une suggestion, en spéculant que vous employez des produits de bonne qualité et d'intensité adéquate. Alors, par sagesse, soyez prudents dans vos dosages et commencez en expérimentant de petites doses de cannabis à la fois et progressez petit à petit. Mais, ne prenez surtout pas le risque de cuisiner et d'ingérer des produits de vidange qui viennent du marché noir. À moins que les insecticides et les mélanges douteux vous fassent triper... Si vous pensez que c'est OK pour vous, alors fumez-les, mais au moins, ne détruisez pas votre estomac et votre système immunitaire a n'en ingérant... Aimez la vie !

Les marinades :

Les marinades et les beurres à tartiner sont induits de beurre de canna, alors faites tout simplement mariner vos viandes, bœuf, porc, poulet ou viandes sauvages.

Et pour les beurres à tartiner, gâtez-vous sur des craquelins ou vos toasts du matin...

MARINADE À LA BIÈRE Canna
Pour poulet et porc

Ingrédients :
- 12 oz de bière ou de jus de pommes (340 ml)
- 1 tasse d'oignons hachés (210 g)
- 1/4 tasse de jus de citron (50 ml)
- 2 c. table de bouillon de poulet instantané (30 ml)
- 3 c. table d'huile végétale (45 ml)
- 2 cuillères à thé de votre huile de canna (10 ml)
- 2 à 3 gousses d'ail hachées

Cuisinons :
Mélanger tous les ingrédients dans un bol moyen.
Employez avec le poulet mariné, des côtelettes de bœuf ou de porc. Mariner dans le réfrigérateur pendant 4 heures ou toute la nuit.
Retourner de temps en temps.
Faire cuire la viande sur la grille au degré désiré et badigeonner la viande, avec le reste de la marinade.
Fais environ 2 tasses de marinade (500 ml).
Vous pouvez faire la même recette avec un restant de vin rouge ou blanc.

MARINADE GRECQUE Canna
Aux citron et basilic

Ingrédients :
- 3 gousses d'ail hachées
- 1 c. table de sel (15 g)

- 1 tasse d'huile d'olive ou végétal (250 ml)
- 2 cuillères à thé de votre huile de canna (10 ml)
- Le jus et la pelure râpés de 4 citrons
- 1 c. table de basilic (15 g)

Cuisinons :
Dans un grand bol, écraser l'ail et le sel.
Verser le reste des ingrédients.
Faire mariner la viande pendant 4 heures ou toute la nuit.
Cette marinade est délicieuse sur toute sorte de viande, mais spécialement sur le poulet, l'agneau et les brochettes.
Fait 1 1/2 à 2 tasses de marinades. (350 ml à 500 ml)

PÂTÉ VIKING Canna

Ingrédients :
- 1 lb de pâté de foie (450 g)
- 2 c. à thé de cannabeurre (10 g)
- 1/2 tasse de beurre ou margarine ramollis (125 g)
- 1/4-tasse d'Irish Mist (60 ml)
- 2 c. à table d'échalotes râpées (25 g)
- 3 1/4 oz d'olives noires dénoyautées et tranchées (110 g)
- Poivre frais moulu.

Cuisinons :
Bien mélanger le pâté de foie et les beurres.
Ajouter les ingrédients et bien mélanger.
Déposez dans un petit moule à terrine et réfrigérer.
En tartiner des tranches de pain croûteux et grillé ou des craquelins.
On peut aussi démouler le pâté et le garnir de lisières de poivron rouge et de touffes de persil.

BEURRE DE CRESSON Cana

Ingrédients :
- 1 tasse de beurre ramolli (250 g)
- 2 c. à thé de cannabeurre (10 g)
- 1 c. à thé de paprika (5 g)
- 1/2 tasse de cresson haché finement (110 g)

Cuisinons :
Mélangez tous les ingrédients. (Si désiré, utiliser un malaxeur ou robot).
Placez-le au réfrigérateur.
Substituez-le à la mayonnaise pour les sandwichs ou utilisez-le comme entrée sur des craquelins ou rôties.

AUBERGINE ROMARIN Canna

Ingrédients :
- 1 aubergine moyenne
- 1/2 tasse de beurre fondu (125 ml)
- 2 cuillères à thé de votre huile de canna (10 g)
- 3/4 tasse de chapelure fine (175 g)
- 1/4 c. à thé de sel (1 g)
- 1 tasse de sauce aux tomates pour spaghetti (250 ml)
- 1 c. à table d'origan (15 g)
- 1 tasse de fromage râpé (250 g)

Cuisinons :
Enlever la pelure de l'aubergine et couper en tranches de 1/2 Po (127 cm).
Tremper les tranches dans le beurre mélangé à l'huile de canna, ensuite dans la chapelure, mélangée avec le sel.

Placer sur une plaque à biscuits graissée.
Déposer la sauce sur le dessus de chaque tranche.
Saupoudrer d'origan et de fromage. (Les tranches auront l'air de pizza miniature).
Cuire à 450 degrés (225 C) de 10 à 12 minutes, ou jusqu'à ce que ce soit dorer.
Donne 4 portions.

CHOU-FLEUR AUX HERBES Canna

Ingrédients :
- 1 chou-fleur complet
- 2 c. à table de beurre (30 ml)
- 2 c. à thé de cannabeurre (10 g)
- 1 c. à table de persil haché frais (15 ml)
- 1 c. à table de ciboulette hachée (15 ml)
- Sel et poivre au goût
- Une pincée de poivre de Cayenne ou de sauce Tabasco

Cuisinons :
Laver le chou-fleur et enlever les feuilles vertes.
Couper jusqu'au cœur, garder la tête intacte.
Dans un grand chaudron, emmener à l'ébullition, un pouce d'eau (3 cm).
Placer le chou-fleur dans le chaudron presto, la queue du chou-fleur dans le fond et cuire à la vapeur, couvrir de 15 à 20 minutes, ou jusqu'à ce que le chou-fleur soit tendre.
Placer sur un plat à servir chaud.
Mélanger les herbes et les assaisonnements aux beurre et cannabeurre fondus, et les étendre sur le chou-fleur.
Donne 4 à 6 portions.

PÂTÉ DE FOIE Canna

Ingrédients :
- 2 lb de foie de poulet (1 kg)
- 3 branches de persil
- 1 feuille de laurier
- Thym
- 1 tasse de beurre fondu (250 ml)
- Sel
- 2 c. à thé de cannabeurre (10 g)
- 1 1/2 c. à thé de moutarde préparée (7 g)
- 1/4 c. à thé de clou (1,5 g)
- Cayenne
- Muscade
- Cognac au goût

Cuisinons :
Placez les foies dans une casserole ; couvrir d'eau et ajouter le persil, la feuille de laurier et le thym.
Couvrir et laisser mijoter pendant 20 minutes.
Égouttez, coupez et passez au hache-viande.
Mélangez le foie avec le beurre et le cannabeurre, le sel, la moutarde, le clou, le Cayenne et la muscade.
Ajoutez le Cognac. Battre vigoureusement.
Placez dans un moule et refroidir.
Servir sur croûtons.

CHAPITRE huit

REPAS COMPLETS

Étant donné qu'il est impossible pour nous de savoir quelles intensités et qualités du cannabis que vous avez en main, il est aussi impossible pour nous de spéculer sur le dosage de vos aliments ? Mais, les quantités appliquées à chaque recette, sont seulement une suggestion, en spéculant que vous employez des produits de bonne qualité et d'intensité adéquate. Alors, par sagesse, soyez prudents dans vos dosages et commencez en expérimentant de petites doses de cannabis à la fois et progressez petit à petit. Mais, ne prenez surtout pas le risque de cuisiner et d'ingérer des produits de vidange qui viennent du marché noir. À moins que les insecticides et les mélanges douteux vous fassent triper... Si vous pensez que c'est OK pour vous, alors fumez-les, mais ne détruisez pas votre estomac et votre système immunitaire... Aimez la vie !

TRUCS de consommation :

Rappelez-vous que le truc principal pour que le plaisir de flotter, dure longtemps, est de manger légèrement et de ne jamais ingérer du cannabis quand votre estomac est plein ; ou alors, 50 % des effets escomptés iront rapidement dans votre : 30 pieds d'intestin, et cela, avec votre investissement.

Aussi, pas trop sucré et pas trop gras ; cependant, il parait, qu'un peu de sucré et un peu de gras perdurent l'effet. Et l'alcool encore plus, car l'alcool se dirige directement dans le sang à travers les membranes de l'estomac ; au lieu de passer par le système digestif ou par les poumons pour les fumeurs.

BŒUF EN CUBES À LA MEXI-canna
Une des meilleures critiques)

Ingrédients :
- 2 lb de bœuf en cubes (1 kg)
- 2 c à thé d'huile d'olive (10 ml)
- 2 c. à thé de cannabeurre (10 g)
- 1 tasse d'oignons (250 ml)
- 1 piment vert
- 1/2 tasse de céleri (125 ml)
- 1 tasse de champignons (250 ml)
- 2 c. à thé de fécule de maïs (10 g)
- 1 1/2 tasse de tomates en conserve (375 ml)
- 1 c. à thé de sel (5 g)
- 1 c. à thé de poivre 95 g)
- 4 à 6 pommes de terre

Cuisinons :
Faire saisir légèrement la viande placée au fond d'une marmite, tout en brassant, dans très peu d'huile de cuisson. Cette action va aider la viande à rester tendre, mais n'ajouter le sel que dans la sauce pour ne pas durcir la viande.
Recouvrir la viande de tous les légumes coupés en morceaux, oignons, piment, céleri et champignons.

Ensuite :

Délayez la fécule de maïs à un peu d'eau froide et mélangez bien avec votre beurre de canna et le reste de l'huile.

Faire chauffer les tomates et laisser mijoter jusqu'à ébullition, et ajouter peu à peu la fécule de maïs pour épaissir la sauce.

Verser la sauce sur les légumes.

Assaisonner et ajouter les pommes de terre en morceaux.

Cuire une heure et demie à 350 degrés F (180 C)

DINDE AU CURRY Canna

Ingrédients :
- 1/4 tasse de beurre (57 g)
- 2 c. à thé de cannabeurre
- Ou 2 cuillère2 à thé de votre huile de canna
- 1/4 tasse de farine (57 g)
- 1/2 à 1 c. à thé de poudre de curry
- (3 ml à 5 ml) 1/4 c. à thé de sel (1 ml)
- Soupçon de poivre
- 2 tasses de lait (500 ml)

Ici le reste des ingrédients
- 2 tasses de dinde cuite coupée (454 g)
- 1 boîte de morceaux d'ananas égouttés de 20 on (567 g)
- 1 1/2 tasse de céleri coupé (341 g)
- 1/2 tasse d'amandes tranchées ou d'arachides grillées à sec (114 g)

Cuisinons :

Dans un chaudron moyen, faire fondre le beurre mélangé avec le cannabeurre.

Brasser en ajoutant la farine, la poudre de curry, le sel, et le poivre. Graduellement, ajouter le lait en brassant.

Cuire sur feu moyen, en brassant constamment jusqu'à

épaississement et y incorporer en brassant le reste des ingrédients. Servir sur du riz chauds, nouilles, biscuits ou rôties.

FARCE TOUTE SIMPLE

Sans canna, ajoutez si désirer.

Ingrédients :

- 1 lb de viande hachée (de votre choix) (454 g)
- 2 tasses de mie de pain frais
- 1 tasse de céleri (250 ml)
- 1 oignon haché
- 3 c. à table de beurre fondu (40 g)
- 1/2 c. à table de sel (7 g)
- 1/2 c. à thé de poivre (2 g)

Cuisinons :
Assaisonnements selon la viande employée :

Bœuf : thym, marjolaine, sarriette, poudre de céleri, persil, Digon, ail.

Veau : thym, ciboulette, persil, estragon, feuille de laurier, sarriette, ail, poudre de céleri.

Porc : ail, sauge, clous de girofle moulus, feuille de laurier Marjolaine, persil, sarriette, paprika.
Faire brunir la viande hachée.
Ajouter le reste des ingrédients et bien mélanger.

CASSEROLE DE PATATES Canna (SUCRÉES ÉPICÉES)

Ingrédients :

- 4 lb de pommes de terre sucrées (1,81 kg)
- 3/4 tasse de beurre (170 g)
- 2 cuillères à thé de votre huile de canna (10 ml)
- 1/2 tasse de miel ou sirop d'érable (125 ml)
- 3 c. à table d'eau (40 ml)
- 1 c. à table de toute-épice moulue (15 ml)
- 1 tasse de noix grossièrement coupées (227 g)

Cuisinons :
Épluchez les patates et cuire à l'eau bouillante couverte jusqu'à presque tendres.
Refroidir et tranchez en rondelles de 1/4 po d'épaisseur (O.16 cm).
Mettre de côté.
Dans un chaudron moyen, combiner le beurre, l'huile de canna, le miel, l'eau et la toute-épice.
Mélanger 2 c. à table (30 ml) de mélange de beurre avec les noix et mettre de côté.
Déposer la moitié des patates sucrées dans un plat beurré de 13 X 9 po (33 X 23 cm) allant au four.
Mettre à la cuillère 1/3 du mélange de beurre sur les patates.
Couvrir avec le reste des patates.
Remettre le reste du mélange à beurre sur le tout. Cuire, non-couvert à 400 degrés F (200 C) pendant 30 minutes ou jusqu'à ce que ça soit chaud.
Saupoudrer de noix. Cuire encore 5 minutes.
Pour 10 personnes

COURGE AU BEURRE À L'ORANGE
Canna

Ingrédients :

- 3 tasses de courges cuites, écrasées (680 g)
- 1/2 tasse de beurre (125 ml)
- 2 cuillères à thé de votre huile de canna
- 1/2 tasse de sucre brun ou de miel (114 g)
- Le jus et le zeste d'une orange
- 1 c. à thé de sel (5 ml)
- 1/8 c. à thé de poivre (O.5 ml)

Combiner tous les ingrédients et bien mélanger. Cuire sur feu lent, et brasser constamment, jusqu'à ce que ce soit chaud, environ 5 minutes.

Ensuite, verser dans une casserole d'une chopine (0,57 litre) et cuire à découvert à 350 degrés F (180 C) pendant environ 30 minutes ou jusqu'à bien cuit.

Donne de 4 à 6 portions.

RIZ ET D'ÉPINARD Canna

Ingrédients :

- 1/2 tasse de beurre ramolli (125 ml) mélangé avec 3 goûtes de teinture ou 2 cuillères à thé de votre huile de canna
- 1/2 tasse d'oignons hachés (125 ml)
- 1 1/2 tasse de fromage Cheddar râpé (375 ml)
- 2 œufs battus
- 2 tasses de lait (500 ml)
- 1 tasse de riz non cuit (250 ml)
- 1 lb d'épinards cuits et hachés
- (454 g) ou 1 paquet d'épinards congelés
- 1 c. à thé de sel d'ail (5 ml)

Mélangez tous les ingrédients et versez le tout dans une casserole de 2 pintes (env. 2 litres).

Couvrir et cuire à 350 degrés (180 C) pendant 40 minutes et

enlever le couvercle et faire cuire pour 20 autres minutes.
Donne 10 portions.

PÂTES ET BROCOLI Canna

Ingrédients :
- **1 lb de spaghetti (454 g) cuit et égoutté**
- **2 lb de brocoli frais (900 g)**
- **2 paquets de 10 oz. (300 ml) de brocoli coupé, congelé.**
- **3/4 c. à thé de sel (4 ml)**
- **1 1/2 tasse d'eau (375 ml)**
- **1/4 tasse d'huile d'olive ou de beurre fondu (50 ml)**
- **2 c. à thé de cannabeurre**
- **1/4 c. à thé de poivre (1 ml)**
- **Fromage parmesan râpé.**

Cuisinons :
Si vous utilisez du brocoli frais, couper en morceaux de 2 po (5 cm). Cuire le brocoli frais ou congelé dans de l'eau salée jusqu'à ce que ce soit tendre.
Faire revenir les pâtes ainsi que le brocoli avec une petite quantité d'eau de cuisson, d'huile et de cannabeurre mélangés, poivre et 1/2 tasse (125 ml) de fromage parmesan. Servir immédiatement, étant chaud, saupoudrer encore avec du fromage parmesan si désiré.
Donne 4 à 6 portions.

Pâtes au fromage Italienne à l'ail
10 minutes de cuisson avec les pâtes de votre choix.

Ingrédients :

- **2 ou 3 cuillères à soupe de cannabutter (30-45 g)**
- **Pâtes de votre choix, spaghetti (idéal)**
- **Sel et poivre**
- **1 cuillère à thé d'huile d'olive (5 g)**
- **Sept gousses d'ail hachées**
- **1 tasse de fromage de parmesan (240 g)**

Cuisinons :
Faites fondre votre cannabutter dans une grande poêle à feu moyen.
Ajouter l'ail au beurre et cuire jusqu'à ce qu'il soit légèrement doré et retirez du feu et mettre de côté.
Faites bouillir dans un grand chaudron, vos pâtes et ajoutez à l'eau un peu de sel.
Cuire jusqu'à tendre (environ 10 minutes), puis égoutter l'eau des pâtes.
Gardez, environ ¼ de tasse de l'eau de cuisson des pâtes.
Ensuite :
Remettez ensuite les pâtes dans la casserole avec la ¼ de tasse de l'eau des pâtes, et ajoutez-y le mélange de cannabutters infusé à l'ail et mélangé à l'huile d'olive, et ensuite le sel et le poivre à votre goût.
Mélangez bien tous les ingrédients avec vos pâtes, afin que votre mélange de cannabutters adhère aux pâtes, ensuite, étendez le fromage parmesan.
6-8 PORTIONS

CASSEROLE DE RIZ ET BROCOLI Canna

Ingrédients :
- **2 tasses d'eau chaude (500 ml)**
- **1 sachet de mélange à soupe à l'oignon de 1 1/2 oz (28,3 g)**
- **1 tasse de riz non cuit (240 g)**
- **2 c. à table de beurre (25 g)**

- 3 gouttes de teinture ou 1 cuillère à thé de votre huile de canna
- 1/2 c. à thé de sel (2 g)
- 1/4 c. à thé de poivre (1 g)
- 1 paquet de 10 on de brocoli congelé et coupé (300 g)

Cuisinons :

Dans un chaudron de 2 pintes (2,26 L) avec un couvercle qui ferme bien serré, combinez l'eau chaude ainsi que le sachet de mélange à soupe, le riz, le beurre, l'huile de canna, le sel et le poivre.
Brassez.
Placez le brocoli congelé au milieu.
Couvrir et cuire à 375 degrés F (190 C) pendant 45 minutes ou jusqu'à ce que le riz soit cuit et que le liquide soit absorbé.
Bougez doucement avec une fourchette avant de servir.

Sers 4 personnes.

RATATOUILLE Canna

Ingrédients :

- 2 oignons moyens, pelés et hachés
- 1 gousse d'ail hachée
- 5 c. table d'huile d'olive (75 ml)
- 2 c. à thé de cannabeurre *(mélangé à l'huile)* (10 g)
- 2 zucchinis moyens, tranchés
- 2 petites aubergines, pelées et coupées en cubes
- 2 piments verts moyens, coupés en tranches
- 5 tomates moyennes, coupées en quatre
- 1 c. à thé de basilic (5 g)
- 2 c. table de persil haché (25 g)

- 1 c. à thé sel (5 g)
- 1/4 c. à thé de poivre (1 g)
- Fromage Parmesan

Cuisinons :

Dans un grand poêlon, faire sauter les oignons et l'ail dans l'huile, pendant 5 minutes.

Ajoutez les zucchinis, les aubergines et les piments verts, ajoutez le cannabeurre, si vous ne l'avez pas ajouté au début.

Brasser doucement et sauter pendant 10 autres minutes.

Ajoutez les tomates et le reste des ingrédients.

Baisser le feu, couvrir et mijoter de 10 à 15 minutes.

Si désiré, saupoudrer de fromage Parmesan.

Servir chaud ou froid.

Donne 6 portions.

POISSONS

Étant donné que nous ne pouvons pas savoir quelles intensité et qualité du cannabis que vous avez en main, et, qu'il nous serait aussi impossible de spéculer sur le dosage de vos aliments ? Mais, les quantités appliquées à chaque recette, sont seulement une suggestion, en spéculant que vous employez des produits de bonne qualité et d'intensité adéquate. Alors, par sagesse, soyez prudents dans vos dosages et commencez en expérimentant de petites doses de cannabis à la fois et progressez petit à petit.

POISSON ROYAL Canna

Ingrédients :
- 2 lb de poisson (filet de morue, sole ou darnes de flétan

(1 kg).
- 1/2 c. à thé de sel (2 ml)
- 1/2 c. à thé de paprika (2 ml)
- Un peu de Cayenne
- Jus de 1 citron
- 1/2 tasse ou plus, d'oignons en rondelles (125 ml)
- 1 c. à table de beurre (15 g)
- 2 c. à thé de cannabeurre *(mélangé au beurre)* (10 g)
- Rondelles de piments verts

Cuisinons :
Mettre les filets dans un plat graissé, peu profond.
Mélanger sel, poivre, paprika, Cayenne et jus de citron.
Verser sur le poisson.
Faire attendrir les oignons et piments dans les beurres fondus, puis disposer sur le poisson en alternant les rondelles d'oignon et de piment et y verser le reste du beurre.
Cuire au four très chaud de 10 à 20 minutes.

Pour plus de saveur, mais non inclus dans la recette originale.
Si désiré, farcir le poisson et faire cuire

FARCE POUR POISSON-canna (Morue & brochet)

Ingrédients :
- 2 tasses de pain (500 ml)
- 1 oignon haché
- 1 jaune d'œuf
- 1 c. à thé de beurre (5 ml)
- 2 c. à thé de cannabeurre (mélangé au beurre) (10 g)

- **Sel, poivre**
- **Sarriette**
- **Un peu d'eau froide**

Cuisinons :
Ramollir le pain dans l'eau froide.
Égoutter et pétrir.
Ajouter un oignon frit légèrement dans le beurre, le sel, le poivre, la sarriette et le jaune d'œuf.
Farcir le poisson.
Fais environ 1 1/2 tasse (341 g)

DE PLUS :

Ce livre de recettes de cannabis peut devenir un simple livre de recettes, sans cannabis ; vous n'avez qu'à enlever l'ingrédient cannabis de la recette. Vous pouvez faire de même avec vos propres recettes préférées. Mais, il y a des rudiments à respecter, en transformant vos recettes.

CHAPITRE neuf

FRINGALES après avoir fumé

Le cannabis ouvre l'appétit, mais n'allez pas manger, d'abord en quantité et surtout pas une friandise avec du cannabis dedans.

Burrito pizza (sans canna)

Vous voulez seulement calmer votre fringale, alors il ne faut pas consommer d'autres mets au cannabis

Ingrédients

- Petits pains, nombre selon vos invités
- Sauce marinara
- Fromage (beaucoup)
- Purée à la banane
- Pepperoni.

Cuisinons :
Pré réchauffez le four à 350 F (180 C).
Préparez la quantité de vos ingrédients selon le nombre de vos invités en fringale et écrasez une ou deux bananes.
Coupez les petits pains en deux
Enlevez une partie de la mie à l'intérieur du pain et mangez-la avec un peu de beurre en attendant votre burrito à la pizza.
Farcissez vos pains généreusement avec la pâte de banane,

le pepperoni et le fromage étendus à l'intérieur.
Remplissez lentement votre burrito avec la sauce marinara.
Couvrez le dessus avec plus de fromage.
Cuire au four à 350 degrés pendant 8-10 min.
Surveillez le four pour ne pas brûler votre dégustation.

Sandwich au beurre d'arachide et à la banane (sans canna)

Cuisinons :

- Faire griller le pain.

- Couper la banane en fines tranches.

- Étaler le beurre de cacahuète sur le pain.

- Mettez autant de tranches de banane que vous le souhaitez. (Je les empile personnellement !)

- Saupoudrez de sucre à la cannelle (facultatif).

- Mettez les deux morceaux de pain ensemble et dévorez.

Crème glacée servie avec des céréales (sans canna)

Une crème glacée à votre goût et les céréales que vous avez à la main, c'est rapide et votre gosier sera apaisé.

Voilà : Versez vos céréales dans un plat, avec juste un peu de lait de soja ou amande dans le fond et couvrez de crème glacée et dégustez.

Mais, les collations les plus populaires sont les pizzas, c'est si facile de prendre son cellulaire et de la commander.

CHAPITRE dix

LES DESSERTS

Attention aux desserts :

Attention aux desserts, ils sont sournois, ils sont bons, ils vous appellent et ne vous sortent pas de la tête. Le danger est de vous intoxiquer sans vous en rendre compte, à n'en mangeant trop, un après l'autre. Surveillez les enfants, surtout, ne prenez pas le risque de les laisser à leur portée, vos bons petits brownies. Un, OK, attendez l'effet et deux, peut-être si vous connaissez bien le dosage !

BOULES AU BEURRE DE SÉSAME Canna

Ingrédients :
- 1 tasse de beurre ramolli (227 g)
- 1 c. à thé de cannabeurre mélangé avec le beurre
- 1/4 tasse de sucre (57 g)
- 1 c. à thé d'extrait d'amande (5 ml)
- 1/2 c. à thé de sel (3 ml)
- 2 tasses de farine (454 g)

- Graines de sésame
- Confiture (framboises, fraises, abricots ou pêches)

Cuisinons :
Amenez le beurre, le cannabutter et le sucre dans un genre de crème.
Mélanger l'extrait d'amande et le sel dedans.
Ajouter la farine et bien mélanger.
Formez des cuillerées à soupe de pâtes en forme de boules et roulez-les dans les graines de sésame.
Placez sur du papier sulfurisé dans une plaque de cuisson.
Pressez le doigt au centre de chaque biscuit et remplissez de confiture.
Cuire à 400 F (200 C) pendant 10 à 12 minutes, ou jusqu'à ce que ça commence à brunir.
Fais environ 3 douzaines.

PRALINES AUX PACANES Canna
Ingrédients :
- 3 tasses de sucre brun pressé fermement (680 g)
- 1 tasse de crème épaisse (250 ml)
- 1/4 tasse de beurre (57 g)
- 2 c. à thé de cannabeurre (10 à 15 g)
- 2 c. à table de sirop de maïs
- 1/4 c. à thé de sel (1 ml)
- 1 c. à thé de vanille (5 ml)
- 2 tasses de gros morceaux de pacanes (454 g)

Cuisinons :
Dans un chaudron de 3/4 de pintes (1L 1/2), combinez sucre, crème, beurres, sirop de maïs et sel.
Amenez à ébullition à feu moyen, en brassant pour dissoudre le sucre.
Continuer la cuisson en brassant constamment, jusqu'à ce

que le thermomètre à bonbon marque 236 degrés F (112C) (état de boules molles).
Retirez du feu et laissez-le 5 minutes.
Brasser la vanille et les noix, dedans.
Battre avec une cuillère de bois jusqu'à ce que le mélange épaississe et perde son brillant.
Laisser tomber par cuillerée à thé sur du papier ciré, afin de former des petites galettes de 2 pouces de diamètre.
Refroidir.
Envelopper individuellement dans du papier ciré ou de plastique. Mettre dans des bocaux scellés dans un endroit frais, sec.
Fais environ 3 douzaines.

GALETTES au gruau Canna

Ingrédients :
- 3 tasses rases de gruau à cuisson rapide (680 g)
- 2/3 tasse de sucre (78 g)
- 1/2 tasse de farine (114 g)
- 1/2 c. à thé de sel (3 ml)
- 3/4 tasse de beurre ramolli (170 g) mélangé avec 3 à 5 gouttes de teinture ou 2 cuillères à thé de votre huile de coco-canna ou cannabutter
- 1 c. à thé de vanille (5 ml)

Dans un grand bol, combiner le gruau, sucre, farine et le sel.
Avec le mélangeur à pâte ou mélangeur électrique de grande force, mettre du beurre jusqu'à ce que le mélange ressemble à du gros grain.
Ajouter la vanille et bien mélanger.
Disposez le mélange dans une plaque à biscuits bien graissée.

Cuire à 350 degrés F (180 C) pendant 25 à 30 minutes, ou jusqu'à ce que ce soit brunissant.

Laissez refroidir légèrement, couper en galettes égales, lorsqu'encore tiède.

Refroidir et déposer sur un papier sulfuré.

Fais environ 36 galettes.

Gâteau carotte à l'huile de canna

Ingrédients :
- 175 g de sucre clair (3/4 de tasse)
- 175 ml d'huile de tournesol (1 tasse)
- 40 ml d'huile de canna (1/8 de tasse) (rajustez intensité si nécessaire)
- 3 gros œufs légèrement battus
- 140 g de carottes râpées (5 oz)
- 100 g de raisins secs (3 ½ oz)
- Le zeste râpé d'une grosse orange
- 175 g de farine auto levante (2/3 de tasse)
- 1 cuillère à café de bicarbonate de soude (5 ml)
- 1 cuillère à café de cannelle en poudre (5 ml)
- 1/2 cuillère à café de noix de muscade râpée (fraîchement râpé vous donnera la meilleure saveur) (3 ml)

Cuisinons :

Préchauffez le four à 350 F (180 °C). Huilez le fond et les côtés d'un moule à gâteau et incérez du papier sulfurisé.

Mélangez légèrement dans un grand bol, le sucre, l'huile, l'huile de canna et les œufs. Incorporer les carottes râpées, les raisins secs et le zeste d'orange.

Mélangez ensuite, la farine, le bicarbonate de soude et les épices, puis lissez bien dans le bol.

Verser le mélange dans le moule à gâteau et cuire au four pendant 45 minutes.

Dans les 40 minutes, vérifiez avec le truc du cure-dent pour voir s'il est toujours collant à l'intérieur, si oui, laissez cuire 5 minutes de plus.

Laissez refroidir un peu dans le moule et retournez-le, retirez le papier et laissez-le refroidir.

Coupez en petits morceaux et enrobez-les de sucre glacé.

LES BROWNIES

DOSAGES, prudence :

Étant donné qu'il est impossible pour nous de savoir quelles intensités et qualités du cannabis que vous avez en main, il est aussi impossible pour nous de spéculer sur le dosage de vos aliments ? Cependant, les quantités appliquées à chaque recette, sont seulement une suggestion, en spéculant que vous employez des produits de bonne qualité et d'intensité adéquate. Alors, par sagesse, soyez prudents dans vos dosages et commencez en expérimentant de petites doses de cannabis à la fois et progressez petit à petit.

Brownies Blondinets au Canna

Les brownies, blondinets sont légers, c'est ce que vous avez besoin dans votre système digestif ; il ne faut pas oublier qu'un estomac trop chargé réagit mal et votre High pourrait être évaporé dans le gros intestin rapidement et ce n'est pas ce que vous voulez.

Ingrédients :
- **1 once de cannabutter (environ 2 cuillères à soupe) (30 g)**
- **6 cuillères à soupe de beurre (90 g)**
- **1 tasse de sucre brun foncé (200 g)**
- **1 gros œuf ou deux petits**

- 1 1/2 cuillère à thé d'extrait de vanille (8 ml)
- 1 pincée de sel de mer (1 g)
- 1 tasse de farine tout-usage ou de blé entier (115 g)

Les ingrédients suivants, tous ou selon votre choix :
- 1/2 tasse de pépites de chocolat (38 g)
- 1/4 tasse de liqueur préférée (65 ml)
- 1/2 tasse de noix grillées (38 g)
- 1/2 tasse de fruits secs ou de noix de coco râpée (38 g)
- 1/2 cuillère à thé d'un extrait aromatisant, selon le goût (3 ml)

Cuisinons :

Préchauffez votre four à 350 degrés Fahrenheit (180 C)
Préparez un plat de cuisson à gâteau, de taille moyenne, bien graissé ou insérez un papier sulfurisé.
Ensuite, mélangez le beurre de cannabis, le beurre salé et le sucre brun, dans un grand bol, jusqu'à bien mélanger uniformément.
Après, ajoutez l'œuf, l'extrait de vanille et mélangez encore.
Finalement, ajoutez la farine et l'un des ingrédients supplémentaires que vous pourriez souhaiter.
Battez le tout, devenu pâte, avec un fouet ou Batteur électrique,
jusqu'à ce que le mélange soit épais et homogène.
Versez la pâte mélangée dans le plat à cuisson allant et placez-le dans le four et laissez cuire pendant 22-25 minutes ou jusqu'à ce que le dessus soit croustilleux.
(Comme pour toutes les recettes de gâteau, insérez un cure-dent pour vérifier si vos brownies sont bien cuits).
Laissez-les refroidir 15 minutes à 1 heure, selon vos préférences. Couper les blondinets en morceaux, manger et déguster.
Vos essences préférées : chocolat, amande, fraise, framboise, menthe, rhum (ou noix de coco si votre graisse de

Cana est à la noix de coco.)
Sers : environ 20 morceaux.

Éditeur : www.jasselin.com

Brownie Gourmand-coco-canna

Un délice réinventé que personne ne peut ignorer. Il est trop facile d'en manger trop, ne tombez pas dans le panneau...

Ingrédient :

- 12 onces de chocolat aigre-doux (375 ml)
- 3 bâtonnets de beurre salé (375 g)
- 3 cuillères à soupe de cannabeurre (45 g)
- 1 ¾ tasse de sucre brun (350 g)
- 1 cuillère à soupe d'extrait de vanille (15 ml)
- 6 œufs moyens
- 1 ½ tasse de farine de blé entier ou de farine tout usage (188 g)
- 1 cuillère à café de sel de mer (5 g)
- 1/8 tasse de poudre de cacao, non sucrée (30 g)
- 1/2 tasse de pépites de chocolat préférées (55 g)
- 1/2 tasse de noix de macadamia (45 g)

Cuisinons :

Commencez par préchauffer le four à 350 F. (180 C)
Dans une casserole de taille moyenne à feu doux, faites fondre ensemble le chocolat aigre-doux, l'huile de canna et le beurre salé, en remuant continuellement jusqu'à très liquide (surveillez pour ne pas faire brûler, le beurre salé se comporte mieux dans la chaleur).
Retirez du feu et laissez refroidir pendant quelques minutes.

Ensuite :

Dans un autre grand bol, mélangez le sucre brun, l'extrait de vanille et les œufs en battant et mélangeant bien jusqu'à lisse et sans grumeau.
Aussitôt que votre mélange de chocolat et des beurres ont un

peu refroidi, transvidez le mélange lentement dans votre grand bol, en le brassant avec les œufs, aux sucre et extrait de vanille, en fouettant toujours jusqu'à obtention une consistance homogène.

Finalement :

Incorporer le sel, le cacao en poudre et la farine, ainsi que les pépites de chocolat, en mélangeant jusqu'à ce que le mélange soit lisse.

Préparez un moule à pâtisserie et recouvrez-le de papier sulfurisé ou un moule en silicone.

Étendez votre mélange de brownies dans votre moule et faites cuire au four.

Cuire au four environ 25 minutes, ou jusqu'à ce que le cure-dent sec démontre que vos brownies soient bien cuits.

Couper les brownies en 20 morceaux et refroidir.

Sers environ 20 morceaux.

Brownies Canna Vanille

Votre réputation d'hôte ne sera pas amoindrie avec ces délicieux brownies, surtout au retour à la maison après une sortie avec des amis…

Ingrédients :

- **2 gros œufs moyens ou gros**
- **1 cuillère à thé d'extrait de vanille (5 ml)**
- **1/4 de cuillère à thé de sel de mer (2 g)**
- **1/4 cuillère à thé de poudre à pâte (2 g)**
- **1 tasse de cassonade (200 g)**
- **1/2 tasse de farine de blé entier ou tout usage (70 g)**
- **1/3 de tasse de cacao en poudre (38 g)**
- **1/4 de tasse d'huile coco-canna (60 g)**
- **1/4 tasse d'huile de tournesol ou d'huile végétale légère**

(65 ml)
- 4 biscuits Graham
- 8 onces de chocolat au lait, en poudre (240 g)
- 1 tasse de mini guimauves (115 g)

Cuisinons :
Préchauffez le four à 350 F (180 C).

Dans un plat moyen et profond pour le four, huilez bien ou mettez un papier sulfurisé ou si avez des plats spéciaux en silicone.
Dans un grand bol, fouetter ensemble les œufs, l'extrait de vanille, le sel marin, la levure chimique et le sucre brun.
Une fois bien mélangé, ajoutez la farine de blé, le cacao en poudre, l'huile de coco-canna et l'huile de tournesol.
Versez ce mélange dans le plat de cuisson et mettez-le au four pendant 15 minutes.
Pendant que le mélange de brownies cuit, dans un autre bol, mélangez les biscuits Graham broyés, le chocolat au lait et les mini guimauves.
Après que les brownies aient cuit pendant environ 15 minutes, sortez du four et saupoudrer le mélange de biscuits Graham, de chocolat au lait et de morceaux de guimauve.
Cuire au four 15 à 18 minutes de plus ou jusqu'à ce qu'un cure-dent en ressorte sec.
Laissez les brownies refroidir et découpez-les en 12 morceaux super délicieux.
Sert : environ 12 pièces, cuisson : 35 minutes.

Brownies végé-canna

En réalité, toutes les recettes peuvent être converties à la végétalienne. Celle-ci est spécialement inventée pour ceux qui choisissent leur santé avant toute chose ; mais sans sacrifier le plaisir de déguster raisonnablement.

Ingrédients :

- 3/4 tasse de chocolat noir sans produits laitiers (85 g)
- 1/2 tasse de farine à lever auto levante (60 g)
- 4 cuillères à soupe de poudre de cacao non sucrée (32 g)
- 1/8 cuillère à thé de sel de mer (1 g)
- 1/2 tasse de sucre en poudre (80 g)
- 1 cuillère à thé d'extrait de vanille (5 g)
- 2 cuillères à soupe de beurre de noix de coco ou d'huile de noix de coco au cannabis (30 g)
- Tasse de lait de soja, d'amande ou de noix de coco non sucré (au goût)
- 3 cuillères à soupe d'huile de tournesol (45 ml)
- 1/2 tasse de pacanes hachées (40 g)

Cuisinons :

Préchauffez votre four à 350 F (180 C)

Préparez pour plus tard, une plaque de cuisson pour le four, recouvert de papier sulfurisé ou une plaque de silicone.

En utilisant un ensemble de bains-marie ou un grand chaudron avec quelques pouces d'eau chaude, placez dedans un plus petit chaudron dans lequel vous ferez fondre, pour ne pas qu'il colle, votre chocolat noir sans produit laitier. Aussitôt fondu, mettre de côté, hors du bain-marie.

Dans un grand bol à part, mélangez la farine à cuisson auto levante et la poudre de cacao non sucrée, puis ajoutez le sel marin et le sucre en poudre.

Mélanger et ajoutez ensuite, l'extrait de vanille, le beurre de de noix de coco végétalien au cannabis, le lait de soja et le chocolat fondu antérieurement.

Mélangez jusqu'à ce que le mélange soit uniforme et non épais.

Si vous le souhaitez, ajoutez les pacanes hachées et l'huile de tournesol.

Versez le mélange dans votre plaque de cuisson et mettez au four pour cuire pendant 22-25 minutes.

Retirer une fois que le mélange a réussi le test habituel du cure-dent.

Sortez les brownies et laissez-les refroidir pendant une dizaine de minutes.

Coupez en 18 morceaux, prenez une bouchée pour votre plaisir.

Sers : environ 18 pièces. Temps de cuisson : 30 minutes.

Muffins au Canna adaptés
Intolérance au gluten et à la cœliaque

Pour les personnes intolérantes au gluten ou atteintes de la maladie cœliaque auront aussi le plaisir de se régaler de ce petit délice au cannabis.

Ingrédients :
- 1 tasse de farine d'amande, ou farine ordinaire mélangée d'amande ou autre. (115 g)
- 1/8 cuillère à thé de sel de mer (1 g)
- 1/4 cuillère à thé de bicarbonate de soude (1 g)
- 1/2 tasse de cacao en poudre (55 g)
- 1 cuillère à thé d'extrait de vanille (5 ml)
- 3 gros œufs
- 1/4 de tasse d'huile de noix de coco fondue (65 ml)
- 1/4 de tasse de cannabutter et — ou de coco-canna (60 g)
- 1/2 tasse de miel (165 g)

Cuisinons :
Commencez par préchauffer votre four à 350 F (180 C).
Dans un grand bol, mélanger la farine d'amande, le sel de mer, le bicarbonate de soude, le cacao en poudre et l'extrait de vanille.
Dans un autre bol plus petit, fouettez ensemble les œufs,

Recettes de cannabis et (2 dans 1) Guide du connaisseur

l'huile de coco-canna et le cannabutter.
Ajoutez ce dernier mélange dans le premier bol plus grand d'ingrédients secs.
Mélangez le tout et ajoutez le miel en fouettant jusqu'à homogène
Versez la pâte dans le mini plateau à muffins en graissant bien votre moule avec de la graisse de coco.
Placez le plateau rempli dans le four pendant 16-19 minutes. Une fois cuit à point ils s'enlèveront facilement. S'ils semblent coller, ils devront cuire quelques minutes de plus.
Refroidi un peu, garnissez-les selon vos préférences.

MUFFINS AU SON Canna (pâtes)
Une recette de pâte à cuisiner pour muffins (gardez réfrigérée)

Ingrédients :
- 2 tasses de céréales à 100 % de son (454 g)
- 2 tasses d'eau bouillante (500 ml)
- 1 tasse de beurre fondu (250 ml)
- 2 c. à thé de cannabeurre
- 2 tasses de sucre (454 g)
- 4 œufs
- 1 pinte de lait de beurre ou de yogourt nature (1000 ml)
- 5 tasses de farine (1135 g)
- 5 c. à thé de bicarbonate de soude (25 ml)
- 1 c. à thé de sel (5 ml)
- 4 tasses de céréales de son (en flocons, en germes, en filaments [909 g]
- 1 tasse de raisins [227 g]

Dans un grand bol, verser l'eau bouillante sur le son et laisser reposer.
Dans un grand bol à mélanger, mettre le beurre et le sucre en crème. Ajouter les œufs et bien battre.

Éditeur : www.jasselin.com

En brassant, brasser le lait de beurre et le mélange de son et d'eau.
Combiner la farine, le bicarbonate de soude, sel et céréales. Ajouter au mélange humide, en brassant jusqu'à ce que le mélange soit homogène. [Ne pas utiliser le mélangeur électrique.]
Mettre les raisins.
Remplir au 2/3 des moules à muffins et cuire à 400 degrés F [200 C] pendant 25 minutes.

La pâte peut se garder au réfrigérateur dans un contenant fermé pendant 6 à 8 semaines.
Ne pas brasser avant l'utilisation ; seulement prendre la quantité voulue.
Fait environ 1 1/2 gallon de pâte [5,68 litres].

GLAÇAGE AUX BANANES
Pour gâteau ou tartines

Ingrédients :
- **1/4 tasse de beurre ramolli [50 ml]**
- **1/2 tasse de Cacao Fry [125 ml]**
- **1/4 tasse de bananes en purée [50 ml]**
- **2 c. à table de lait [25 ml]**
- **1/2 c. à thé de vanille [2 ml]**
- **3 tasses de sucre à glacer [700 ml]**

Bien mélanger uniformément le tout et beurrer sur n'importe lequel de vos gâteaux ou tartelettes préférés. Bien celé, ce délice se gardera longtemps au réfrigérateur.

SUCRE À LA CRÈME (5 minutes)

Ingrédients :
- 5 c. table de beurre fondu (50 ml)
- 2 c. à thé de cannabeurre ou huile de coco-canna
- 2 tasses de cassonade (500 ml)
- 1/2 tasse de crème 35 % (125 ml) ou,
- 1/2 tasse de lait Carnation.

Bien mélanger et faire bouillir pendant 5 min exactement. Retirer du feu. Ajouter 2 tasses (500 ml) de sucre en poudre et 1 c. à thé (5 ml) de vanille. Mêler le tout et verser dans un moule.

CRÊPES Canna

Ingrédients :
- 1/4 de tasse de farine (22 S ml)
- 2 c. à table de sucre (25 ml)
- Sel
- 3 œufs
- 1 tasse de lait (250 ml)
- 2 c. à table de beurre (25 ml)
- 1 c. à thé de cannabeurre

Bien mêler le tout. Cuire dans une poêle induite d'huile. **Donne environ 6 crêpes.**

BEIGNES DE MAMAN
Pour le temps des fêtes (pas de canna)

Ingrédients :
- 3 c. à table de beurre (40 ml)
- 1 tasse de sucre (250 ml)
- 2 œufs
- 1 c. à thé de bicarbonate de soude (5 ml)
- 1 tasse de lait (250 ml)
- 2 tasses de farine (500 ml)
- 2 c. à thé de crème de tartre (10 ml)
- 1/2 c. à thé de muscade (2 ml)
- 1 c. à thé d'essence de vanille (5 ml)

Cuisinons :
Défaire le beurre en crème.
Ajouter le sucre et les œufs.
Dissoudre le bicarbonate dans le lait et l'ajouter au mélange.
Tamiser la farine et la crème de tartre, l'incorporer à la préparation avec la muscade et l'essence de vanille.
Laisser refroidir la pâte toute la nuit.
Le lendemain, abaisser et tailler.
Cuire dans la graisse ou de l'huile bien chaude.

PETITS BISCUITS DÉLICIEUX Canna

Ingrédients :
- 3/4 tasse de beurre (225 ml)
- 2 c. à thé de cannabeurre (mélangé avec le beurre)
- 1/3 tasse de cassonade (75 ml)
- 2 jaunes d'œufs

- 1 1/2 tasse de farine tamisée (350 ml)
- 2 blancs d'œufs
- 1 1/4 tasse de noix hachées (200 ml)
- 1/4 tasse de gelée de fraise (50 ml)

Cuisinons :
Bien battre les beurres et la cassonade en crème.
Ajouter les jaunes d'œufs et la farine et bien mélanger.
Former des petites boules de 15 ml chacune.
Monter les blancs d'œufs en neige et rouler chaque boule dans le blanc d'œuf.
Rouler à nouveau dans les noix hachées.
Préparer une plaque à biscuits graissée et déposer les boules et avec le doigt presser le centre de chaque boule.
Cuire au four à 350 degrés F. (180 C), 5 minutes.
Sortir du four et faire de nouveau la cavité avec le doigt.
Reporter au four à 350 degrés F. (180 C), 10 minutes.
Lorsque les biscuits sont refroidis, remplir le centre avec 1 c. à thé de gelée de fraise (2 ml).

BISCUITS GRUAU-COCO Canna

Ingrédients :
- 1 tasse de beurre mou (250 ml)
- 2 c. à thé d'huile de coco-canna (mélangées avec le beurre mou) (10 g)
- 3 tasses de cassonade (750 ml)
- 2 œufs
- 1 c. à thé de vanille (5 ml)
- 2 tasses de farine tamisée (500 ml)
- 1 c. à thé de poudre à pâte (5 ml)
- 1/2 c. à thé de bicarbonate de soude (2 ml)
- 1/2 c. à thé de sel (2 ml)

- 1 tasse de noix de coco (250 ml)
- 2 tasses de gruau (500 ml)

Cuisinons :
Battre le beurre et le coco-canna jusqu'en crème.
Ajouter la cassonade, les œufs et la vanille.
Tamiser ensemble la farine, la poudre à pâte, le bicarbonate de soude et le sel.
Incorporer aux ingrédients secs la noix de coco et le gruau.
Mélanger le tout.
Préparer une plaque à biscuits, beurrée.
Déposer la préparation par grosses cuillerées à table et aplanir à la fourchette chaque biscuit.
Cuire au four à 375 degrés F. (190 C), pendant 10 minutes.
Quantité : 3 douzaines.

BISCUITS GRUAU AUX CAROTTES canna

Ingrédients :
- 6 c. à table de graisse (90 ml) mélangée avec 3 gouttes de teinture ou 1 cuillère à thé de votre huile de canna
- 6 c. à table de sucre (90 ml)
- 1 œuf
- 1/2 tasse de mélasse (125 ml)
- 1 tasse de farine tout-usage (250 ml)
- 1/2 c. à thé d'épices mélangées (2 ml)
- 1/2 c. à thé de sel (2 ml)
- 1/4 c. à thé de muscade (1 ml)
- 1/4 c. à thé de clou de girofle (I ml)
- 1/4 c. à thé de bicarbonate de soude (1 ml)
- 1 c. à thé de poudre à pâte (5 ml)
- 1 1/2 tasse de farine d'avoine (375 ml)

- 1 tasse de carottes râpées (250 ml)
- 1 c. à thé de zeste d'orange (5 ml)
- 1/2 tasse de raisins secs (125 ml)

Cuisinons :
Battre la graisse, l'huile et le sucre en crème.
Incorporer l'œuf et la mélasse.
Tamiser ensemble : farine, épices mélangées, sel, muscade, clou de girofle, bicarbonate et poudre à pâte.
Ajouter aux ingrédients secs, la farine d'avoine.
Au premier mélange, ajouter les carottes râpées, le zeste d'orange et les raisins.
Incorporer les ingrédients secs.
Sur une plaque à biscuits graissée, laisser tomber par cuillerée de 25 ml.
Cuire au four à 350 degrés F. (180C) de 12 à 15 minutes.

BISCUITS AUX RAISINS Canna

Ingrédients :
- 1 œuf
- 1/3 tasse de beurre fondu (75 ml)
- 2 c. à d'huile de coco-canna (mélangée avec le beurre)
- 1 t de cassonade (250 ml)
- 2 c. à table de lait (25 ml)
- 1/2 c. à thé de bicarbonate de soude (2 ml)
- 4 à 5 gouttes de vinaigre
- 1 pincée de clou de girofle moulu (facultatif)
- 1 c. à thé de cannelle (5 ml)
- 1 t de raisins secs (250 ml)
- 1 1/2 tasse de farine (375 ml)

Cuisinons :

Mélanger bien tous les ingrédients.
Déposer à la cuillère sur une plaque à biscuits beurrée.
Cuire au four à 350 degrés F. (180 C), 15 minutes.

BISCUITS À L'ANANAS Canna

Ingrédients :
- 1/3 tasse de beurre (75 ml) mélangé avec 3 goûtes de teinture ou 1 cuillère à thé de votre huile de coco-canna
- 1 œuf
- 1/3 tasse de noix hachées (75 ml)
- 1/4 c. à thé de bicarbonate de soude (1,5 ml)
- 1/2 tasse de sucre (125 ml)
- 1/2 t. d'ananas écrasés (125 ml)
- 1 1/4 tasse de farine (300 ml)

Cuisinons :
Mélangez tous les ingrédients.
Jeter à la cuillère sur une tôle graissée.
Cuire au four à 375 degrés F (190 C) entre 10 et 15 minutes.

BISCUITS AUX POMMES canna

Ingrédients :
- 1/3 tasse de graisse (75 ml)
- 2 c. à thé d'huile de coco-canna (mélangée avec la graisse)
- 2/3 tasse de sucre (150 ml)
- 2/3 tasse de compote de pommes (150 ml)
- 1 1/2 tasse de farine tamisée (350 ml)
- 3/4 c. à thé de bicarbonate de soude (3 ml)

- 3/4 c. à thé de cannelle en poudre (3 ml)
- 1/2 c. à thé de clou de girofle en poudre (2 ml)
- 1/2 c. à thé de sel (2 ml)
- 1/3 tasse de noix de Grenoble hachées (75 ml)
- 1/3 tasse de raisins secs (75 ml)

Cuisinons :
Battre la graisse, l'huile coco-canna et le sucre en crème.
Incorporer la compote de pommes.
Mélanger les ingrédients secs : farine, bicarbonate de soude, cannelle, clou de girofle et le sel.
Ajouter au mélange.
Incorporer les noix de Grenoble et le raisin sec.
Préparer une plaque à biscuits graissée et déposer le mélange par cuillerée.
Porter au four à 375 degrés F.(190C), environ 15 minutes.
Quantité : 2 douzaines.

BISCUITS DÉLICIEUX AUX BANANES
canna
Ingrédients :

- 1 tasse de beurre mou (250 ml) mélangé avec 3 gouttes de teinture ou 1 cuillère à thé de votre huile de canna
- 3/4 tasse de sucre (225 ml)
- 2 œufs
- 2 bananes
- 1/2 tasse de lait condensé Carnation (125 ml)
- 1 c. à table de vinaigre (15 ml)
- 1 c. à thé de vanille (5 ml)
- 2 2/3 tasse de farine (650 ml)
- 1 1/2 c. à thé de bicarbonate de soude (7 ml)
- 1/2 c. à thé de sel (2 ml)
- 1/2 tasse de noix hachées (125 ml)

Cuisinons :
Bien mélanger tous les ingrédients et réfrigérer 1 heure.
Déposer à la cuillère sur une plaque à biscuits graissée.
Cuire à 375 degrés F (190 C), 15 minutes.

Glaçage :
- **6 c. à table de beurre (90 ml)**
- **1/2 tasse de cassonade (125 ml)**
- **3 c. à table de lait Carnation (40 ml)**
- **1/2 tasse de sucre à glacer (125 ml)**

Mélanger dans un chaudron, le beurre et la cassonade.
Faire bouillir 1 minute.
Ajouter le lait carnation et le sucre.
Étendre sur les biscuits refroidis.

BISCUITS ROULÉS À L'ÉRABLE Canna

Ingrédients :
- **2 t de farine (500 ml)**
- **1/4 tasse de poudre à pâte (50 ml)**
- **3/4 c. à thé de sel (3 ml)**
- **1/4 tasse de beurre ramolli (50 ml)**
- **2 c. à thé de cannabeurre (mélangé avec le beurre)**
- **2/3 tasse de lait (150 ml)**
- **1/2 tasse de sucre d'érable (125 ml)**
- **1/2 t. d'amandes (125 ml)**
- **Beurre mou**

Tamiser la farine, la poudre à pâte et le sel
Ajouter le beurre et à l'aide de 2 couteaux, couper le beurre

en petits morceaux.
Ajouter le lait et mélanger pour obtenir une pâle molle.
Former en boules.
Sur une plaque enfarinée, abaisser la pâte à 1 cm d'épaisseur.
Badigeonner la pâte de beurre ramolli mélangé.
Saupoudrer de sucre d'érable et d'amandes.
Rouler comme pour un gâteau roulé.
Couper en tranches de 2 cm d'épaisseur.
Préparer une plaque à biscuits, beurrée et placer les tranches.
Badigeonner chaque roulé de beurre ramolli.
Cuire à 425 degrés F. (215 C), 20 minutes.

BOUCHÉES AUX DATTES Canna

Ingrédients :
- **1/2 tasse de beurre (125 ml) mélangé avec 3 goûtes de teinture ou 1 cuillère à thé de votre huile de canna coco**
- **1 t de dattes coupées finement (250 ml)**
- **2 œufs battus à la fourchette**
- **1 t de sucre (250 ml)**
- **1 tasse de Rice Krispies (250 ml) coconut au goût**

Cuire à feu très doux le beurre mélangé à l'huile, les dattes, les œufs et le sucre en brassant jusqu'à épaississement.
Refroidir une heure et ajouter le Rice Krispies.
À l'aide d'une petite cuillère, former une boule et rouler dans le coconut.

BISCUITS À LA CITROUILLE Canna
Ingrédients :

- 1 1/2 tasse de sucre (341 g)
- 1/2 tasse de beurre (114 g) mélangé avec 3 gouttes de teinture ou 2 cuillères à thé 910 g) de votre huile de canna
- 1 œuf
- 1 1/2 tasse de citrouille cuite, écrasée ou en boîte (341 g)
- 2 tasses de farine (454 g)
- 4 c. à thé de poudre à pâte (20 ml)
- 1/4 c. à thé de muscade (1 ml)
- 1/4 c. à thé de clous de girofle moulus (1 ml)
- 1/2 c. à thé de gingembre (3 ml)
- 1/2 c. à thé de cannelle (3 ml)
- 1/2 tasse de raisins (114 g)
- 1/2 tasse de noix coupées ou de pacanes (114 g)
- 1 tasse de son ou de flocons de son (227 g)

Mettre le beurre et le sucre en crème.
Battre l'œuf et la citrouille dedans.
Combiner la farine, la poudre à pâte et les épices et brasser pour faire une pâte.
Ajouter les raisins, les noix et le son.
Verser une cuillerée à thé à la fois du mélange sur une tôle à biscuits en laissant 2 pouces de distance entre chaque. (5 cm).
Cuire à 375 degrés F (190 C) pendant 18 à 20 minutes ou jusqu'à ce que ce soit bruni.
Fais environ 4 douzaines.

BEURRE DE FRAMBOISES canna

Ingrédients :
- 1 1/2 tasse de framboises fraîches (375 ml)
- 1 c. à thé de cannabeurre (mélangé avec le beurre) (5 g)

- **1 tasse de beurre ramolli (250 ml)**
- **1 tasse de sucre en poudre (250 ml)**

Cuisinons :
Avec un batteur électrique, battre tous les ingrédients jusqu'à ce que ce soit ramolli.
Refroidir.
Servir sur les rôties, les biscuits, les gaufres ou les gâteaux secs.

PAUSE-CAFÉ À LA CANNELLE canna

Ingrédients :
- **1 tasse de beurre ramolli (227 g)**
- **2 c. à thé de cannabeurre (mélangé avec le beurre)**
- **1 tasse de sucre (227 g)**
- **1 œuf séparé**
- **2 tasses de farine (454 g)**
- **1 c. à table de cannelle (15 ml)**
- **Noix coupées ou pacanes.**

Cuisinons :
Mélanger le sucre à la cannelle.
Ajouter les deux beurres, battre en crème jusqu'à ce que ce soit duveteux.
Ajouter le jaune d'œuf et bien battre.
Ajouter la farine et la cannelle et bien mélanger.
Placer avec vos mains dans un moule plat d'environ 10 po x 15 po. (25 cm x 38 cm) ou sur une tôle à biscuits ayant 1 pouce de côté en hauteur (2,54 cm).
Brasser avec le blanc d'œuf non battu.
Saupoudrer de noix et de sucre à la cannelle.
Cuire à 350 degrés F (180 C), pendant 25 minutes ou jusqu'à ce que ce soit légèrement bruni.

Refroidir légèrement et couper en barres, étant tiède.

Fais environ 3 dz.

BISCUITS AUX CERISES canna

Ingrédients :

- 1 tasse de beurre mou (250 ml)
- 2 c. à thé de cannabeurre (mélangé avec le beurre)
- 1 1/2 tasse de sucre (375 ml)
- 2 œufs
- 2 c. à table de lait (25 ml)
- 1 c. à thé d'essence de vanille (5 ml)
- 3 tasses de farine (750 ml)
- 1 c. à thé de poudre à pâte (5 ml) (Levure chimique)
- 1 c. à thé de soda (5 ml) (petite vache sur la boîte)
- 1/2 c. à thé de sel (3 ml)
- 1/2 tasse de cerises en morceaux (cerises à tarte) (l25 ml)
- 1 tasse de céréales (Cornflakes) écrasées (250 ml)
- 24 cerises dénoyautées à tarte, coupées en deux

Cuisinons :
Fouetter les deux beurres et le sucre. Battre dans les œufs, le lait et l'essence de vanille.
Mélanger la farine, la poudre à pâte, le soda et le sel, mélanger en crème. Ajouter les cerises en morceaux.
Façonner la pâte (environ, une cuillère à soupe (15 ml) en boules et roulez celles-ci dans le Cornflake ou autres céréales.
Presser la moitié d'une cerise dans le centre de la boulette.
Cuire sur une plaque à biscuits, graissée à 375 F (190 C) environ 10 à 12 minutes. Fais environ 4 douzaines.

Garniture (Streusel) :

Mélanger 1 tasse (250 ml) de farine 1/3 tasse (75 ml) de sucre brun, 1 c. à thé (5 ml) de pelure de citron râpée, dans un bol moyen.
Mélanger 1/4 tasse (50 ml) de beurre ramolli. Étendre sur le dessus de la tarte.

SIROP POUR LE RHUME Canna
De Grand-mère
Ingrédients :
- **4 c. à table de cognac (50 ml)**
- **4 c. à table de citron (50 ml)**
- **4 c. à table de miel (50 ml)**
- **2 onces de glycérine (75 ml)**
- **2 c. à thé de cannabeurre, de canna au miel ou huile de noix de coco.**

Mélangez la glycérine avec votre huile de canna préférée.
Épaissir sur feu très doux.
Prendre au besoin
Et si vous désirez plus d'efficacité :
Faites mariner des oignons forts dans le vinaigre de cidre de pomme et mangez en deux bonnes bouchées 10 minutes avant le sirop de grand-mère.
Le cognac à un effet spécial, mais si vous n'en avez pas, de la téquila, du bon brandy ou du bon rhum pourrait faire l'affaire.
Ou encore, du gros gin, la bonne veuve safari, mais vous devez le prendre très chaud et rajouter 4 c à thé de citron ou de lime.
Si votre rhume ne passe pas, alors après quelques ponces

Éditeur : www.jasselin.com
vous oublierez complètement votre rhume…

Délice pomme cannelle et Cannabis

Ingrédients :
- 2 tasses de compote de pomme (450 g)
- 1/2 tasse d'amandes en poudre (40 g)
- 1 cuillère à soupe de jus de citron (15 ml)
- 1 cuillère à café de cannelle en poudre (5 g)
- 2 cuillères à soupe d'huile de coco (30 g) ou ajoutez 2 cuillères à soupe (30 ml) de Crème des anges ou quelques goûtes de teintures.

Une confiture qui peut-être être utilisé sur des tartines, qui est faite avec de l'huile de noix de coco de cannabis ayant été décarboxylé avant.
Mélangez 2 tasses de beurre de pomme, 1/2 tasse d'amandes en poudre ou granulées, 1 cuillère à soupe de jus de citron ou lime, 1 cuillère à café de cannelle en poudre et 2 cuillères à soupe d'huile de coco (30 g) ou ajoutez 2 cuillères à soupe (30 ml) de Crème des anges ou quelques goûtes de teintures. Mélangez les ingrédients et celez le tout dans un pot Mason et réfrigérez.

Secteur Réflexion

Système endocannabinoïde

Le système endocannabinoïde est un système de récepteurs aux cannabinoïdes dans tout notre corps et relié jusque dans le cerveau de presque tous les êtres humains et les animaux. Les récepteurs du système endocannabinoïde de chaque être vivant sont individuels comme une empreinte digitale, ce serait pourquoi chacun de nous réagirait différemment à chaque produit de souche diverse.

Donc, connaissez votre souche propice, susceptible d'être relationnelle avec vos récepteurs aux cannabinoïdes.

Que ce soit un problème psychologique tel que l'insomnie ou l'anxiété ou un problème physique tel que la douleur, l'inflammation ou le diabète, le cannabis peut probablement fournir un soulagement sûr, efficace et 100 % naturel.

Pour simplifier, il ne s'agit que du système de marijuana naturel de notre organisme : capable d'influencer toute une gamme de fonctions de « l'esprit et du corps », afin de promouvoir la santé et *l'homéostasie à probablement tous les circuits de notre corps.

Faites des recherches sur le net :

(Extraits de recherches du Dr Dustin Sulak de : l'Organisation nationale pour la réforme des lois sur le cannabis).

*Homéotasie : Stabilisation des différentes constantes physiologiques chez les organismes vivants.

Plus on est renseigné, moins on est croyant !

CHAPITRE onze

Breuvages chauds et froids

DOSAGES, prudence :

Étant donné qu'il est impossible pour nous de savoir quelles intensités et qualités du cannabis que vous avez en main, il est aussi impossible pour nous de spéculer sur le dosage de vos aliments ? Mais, les quantités appliquées à chaque recette, sont seulement une suggestion, en spéculant que vous employez des produits de bonne qualité et d'intensité adéquate. Alors, par sagesse, soyez prudents dans vos dosages et commencez en expérimentant de petites doses de cannabis à la fois et progressez petit à petit. Mais, ne prenez surtout pas le risque de cuisiner et d'ingérer des produits de vidange qui viennent du marché noir. À moins que les insecticides et les mélanges douteux vous fassent triper… Si vous pensez que c'est OK pour vous, alors fumez-les, mais ne détruisez pas votre estomac et votre système immunitaire… Aimez la vie !

Les liquides vous conduisent dans un « High » plus rapidement.

CRÈME DES ANGES Canna

(Recette dans un pot Masson)
Ce délice est une des meilleures recettes pour flotter rapidement et allégrement !

Ingrédients :
- **2 onces de marijuana (toutes les pièces peuvent être utilisées)**
- **Vodka chaude (pour sa saveur)**
- **Eau distillée (pour ne pas modifier le goût avec des minéraux étrangers indésirables)**

Directions émancipées :

(Étape 1)
Placer (60 g) 2 onces de marijuana dans un bocal à conserves (pot Masson) (toutes les brindilles de canna peuvent aussi être utilisées).
Faites chauffer la vodka mélangée (50/50) avec de l'eau distillée, ne pas bouillir.
Couvrir complètement l'herbe, dans le pot Masson, avec la vodka chauffée et l'eau distillée (50/50). (Ou un mélange semblable de spiritueux de grain pur que vous avez en main) Bouchez fermement le pot Masson et rangez-le dans un endroit modérément chaud pendant au moins 5 jours.
Vérifiez occasionnellement pour vérifier que de l'herbe reste submergée.

(Étape 2)
Après cinq jours, filtrez tout le contenu liquide dans une bouteille haute que vous conservez à part.
Dans un pot Mason propre, retrempez les résidus de cannabis encore mouillé, dans de la vodka, mais sans eau.

Comme au début, ajoutez de la vodka environ un pouce plus haut que les débris, serrez le couvert et rangez pour un autre 5 jours.

(Étape 3)
Après cinq jours, filtrer encore le liquide alcoolisé et le combiner avec le premier liquide dans votre même bouteille. Ensuite, cette fois-ci, afin de récolter le maximum d'ingrédient actif et nutritif, des résidus de cannabis qui sont encore présents, reprenez le pot Masson et ajouter seulement de l'eau distillée (pas de vodka) avec vos résidus de cannabis et laissez reposer pour encore 5 jours, vous ne le regretterez pas.

(Étape 4)
Après les 5 jours écoulés (pas plus), desserrer le couvert et mettre le pot Mason et son contenu « 45 minutes » dans une casserole d'eau bouillante, mais ne pas faire bouillir à gros bouillon.
Avant de le mettre dans l'eau bouillante, assurez que le couvert du pot Masson n'est pas serré, pour laisser sortir la pression.
Après les 45 minutes écoulées, filtrez bien le liquide encore chaud à plusieurs reprises en changeant de filtre jusqu'à ce que le liquide soit vraiment clair de résidus.
Pour terminer votre exploit, versez le produit fini avec les deux autres extractions dans la même bouteille.

(Étape 5)
Filtrez encore les trois liquides combinés, pour obtenir une boisson la plus claire possible, sans particules flottantes.
Mais il faudra probablement faire encore reposer le liquide pour une semaine. C'est pourquoi il est important de se servir d'une bouteille haute pour que les résidus se positionnent dans le fond.

Après une semaine, vérifiez si le liquide est assez clair pour vous, et siphonnez le dessus le plus clair et versez encore dans un pot Mason, le couvert desserré.

Placez le pot Mason dans une casserole d'eau chaude, amenez à feu moyen ne dépassant pas 185 F (95 C) pour 5 minutes.

Ajoutez un peu de miel à votre goût, pas trop. Mélangez bien.

Versez dans une bouteille, mince et haute, et capez.

Laissez reposer pour quelques mois et plus.

Ça ne demande pas plus que faire votre vin…

Faites plusieurs bouteilles, mais pour vous convaincre goûtez à ce délice.

Allez-y doucement, vous sentirez le High dans les prochaines 15 minutes selon votre sensibilité ; soyez prudents.

Gardez et rincez toujours vos filtres et ustensiles et gardez le précieux liquide pour vos cafés, thés et soupes.

Identifiez vos bouteilles avec la date, force et nom du produit.

Exemple :
1. **Crème des anges**
2. **Aujourd'hui**
3. **45 à 65 % tests**

PRÉCISIONS :

Beaucoup de recettes demandent un bain-marie. Si vous n'avez pas de bain-marie, employez une casserole plus grande et ajoutez quelques pouces d'eau que vous faites réchauffer.

Dans un chaudron plus petit, que vous ajoutez dans l'eau du plus grand, mettre votre pot Masson après avoir mis les ingrédients recommandés dedans, tel le début de la recette. Assurez-vous que le petit chaudron ne touche pas directement le fond du plus grand chaudron pour ne pas risquer de surchauffer le dessous de votre herbe. Mettez dans le fond, soit un grillage ou remplir le fond de couvert Masson avec l'ouverture vers le bas, pour faire un genre de couche d'aération. Et si vous êtes sérieux, magasinez dans les marchés aux puces pour un bain-marie de qualité, mais surtout pas en aluminium. Faites une recherche sur l'internet à propos de la nocivité de l'aluminium dans votre corps...

Café infusé au THC frais

Recommandé pour commencer la journée agréablement, mais vous devez avoir la journée devant vous, car la recette prend au moins 50 minutes d'attente pour infusion et préparation. Cependant, avec la teinture, 5 minutes.

Café délicieux infusé au THC

Cette recette de café nécessite beaucoup trop de temps. Elle est présentée pour ceux qui n'ont plus rien d'infusé en main. L'idéal est de passer par votre dispensaire et de vous procurer une teinture ou de l'huile concentrée. Vous aurez alors votre café régulier, à votre goût, avec 2 gouttes et voilà. Ou, vous pouvez le déguster une fois rendu à votre travail, sans le risque de conduire...

Ingrédients :
- Café (selon préférence)
- 3 tasses d'eau (l'eau distillée est toujours préférable)
- Au choix : beurre ou huile de noix de coco mélangé avec 3 gouttes de teinture ou 1 cuillère à thé de votre huile de canna.
- Le jus que vous récoltez après une recette d'infusion est idéal et peut remplacer le cannabutter et autre.

Cuisinons :

Pour commencer, granuler votre herbe « weed » le plus fin possible avec un moulin à café de bonne qualité ; un bon

résultat en dépendra.
Aussitôt, votre cannabis bien granulé finement, faites chauffer l'eau (3 tasses) (750 ml) à feu moyen dans une casserole et amenez à ébullition légère.
Ajouter votre beurre ou votre huile de noix de coco dans l'eau bouillante pour les laisser fondre et maintenir à feu moyen.
Le beurre ou l'huile aideront à absorber le cannabis pendant qu'il bout légèrement, ce qui vous permettra d'obtenir plus tard votre café fort !
Saupoudrez sur l'eau, votre cannabis moulu et laissez agir environ 35 à 40 minutes.
Remuez de temps en temps, pour permettre à votre cannabis saupoudré de se décarboxyler en se mélangeant à l'huile ou au beurre, car vous savez déjà que le cannabis n'est pas soluble généralement avec l'eau, à moins d'avoir passé par divers processus expliqués en ce livre.
Pour obtenir un meilleur résultat, il est préférable d'employer soit du cannabutter ou de l'huile de cannabis, mais vous aurez une dégustation au goût très différent.
Enfin le temps écoulé, vous devez filtrer le mélange à travers un petit tamis fin et dès que vote précieux liquide est passé au filtre, vous êtes prêt à préparer votre café !
Prenez votre café habituel, selon la saveur ou moulure de votre choix et ajoutez-y la recette que vous venez juste de réaliser.
Bien entendu vous pouvez ajouter ensuite d'autres ingrédients comme du sucre et crème selon votre goût.

NOTE :
Si vous devez déguster rapidement, sans attente de préparation ou d'infusion, alors optez pour les recettes avec Cannamilk ou autres huiles de cannabis déjà décarboxylées.
Aussi, pour déguster instantanément : les teintures de canna (si disponibles dans votre pays), alors voyez l'internet.

Éditeur : www.jasselin.com

Soyez prudents avec le café et le cannabis mélangés

Soyez prudents avec le café et le cannabis mélangés, car les deux ont des effets opposés ; le café est un stimulant, mais le cannabis est habituellement un apaisant. Le résultat dépendra de votre système digestif et de vos prédispositions aux réactions de votre corps. Il pourrait en résulter que vos effets s'expriment seulement dans une direction opposée à ce que vous attendiez... De plus amples informations sur le café infusé au cannabis, et les thés, vous seront fournies, lisez plus loin.

Lorsqu'ingéré, le cannabis prend plus de temps à prendre effet, plus ou moins, selon votre système digestif. Donc, si vous avez l'habitude de l'effet rapide comme lorsque vous le fumez, attendez-vous à ce que ce soit différent. Cependant, avec les breuvages, vous devrez attendre un peu plus longtemps pour que les effets se fassent sentir ; par contre, votre récompense sera la durée de l'effet, jusqu'à plusieurs fois plus longues. Mais, les recherches apportent de nouveaux produits sur le marché, tels que les teintures concentrées, certaines font effet dans les 15 minutes.

Petite recommandation de raffinement du goût :
N'oubliez pas que l'eau de votre robinet qui vient de la ville ou celle de votre puits contient des minéraux inconnus qui transformeront le goût de vos breuvages. Alors, ne faites pas confiance à aucune eau qui pourrait contenir des minéraux incompatibles avec vous-même et aussi interférer dans le goût de vos objets de dégustation. Alors, si vous êtes sérieux avec votre richesse (votre santé) employez toujours de l'eau distillée. (Les minéraux et les vitamines peuvent venir de bons jus frais et légumes et vos fibres de votre nourriture). Si vous êtes sérieux avec votre matière première (votre santé) vous

BOISSON chaude genre cacao

Ingrédients :
- **1 pinte de lait d'amande ou soya au chocolat ou lait moitié-moitié ordinaire (votre choix)**
- **1 à 2 cuillères à thé de goudron de cannabis (ou substituez pour du cannabutter ou de la teinture)**
- **2 à 4 cuillères à thé de miel**
- **1 cuillère à thé de vanille**
- **Crème fouettée**
- **Sel ou non (au choix)**

Cuisinons :
Faire chauffer 1 pinte de lait d'amande, ou de lait entier ou moitié-moitié au bain-marie.

Quand le lait est chaud, ajoutez en remuant et bien mélanger, 1 à 2 cuillères à thé de résine de cannabis, 2 à 4 cuillères à thé de miel et 1 cuillère à thé de vanille.

Ce que vous avez en main comme cannabis est OK, mais dosez selon vos capacités d'absorption. La préférence sera toujours les concentrés ou l'huile de coco-canna.

Au choix, ajoutez une pincée de sel de mer.

Quel que soit le lait employé, vous pouvez également ajouter 1 ou 2 cuillères à thé de beurre, pour augmenter la teneur en matière grasse et aider à l'assimilation du cannabis dans votre système digestif.

Servir dans de grosses tasses avec une cuillerée de crème fouettée pour décorer le tout.

Les quantités des ingrédients, pour quatre ou deux personnes, sont selon votre choix.

Tous les ingrédients peuvent être selon votre goût, faire des expériences !

Sers : 4 portions.

Canna latté à la citrouille et épices

Ingrédients :
- 2 cuillères à soupe de purée de citrouille
- 2 tasses de lait d'amande
- 1 cuillère à thé d'huile de noix de coco-Cana ou 3 gouttes de teinture
- 1/4 c. à thé d'extrait de vanille
- 1/4 cuillère à café d'épices pour tarte à la citrouille
- 1 cuillère à soupe de sucre brun
- 1 dose d'espresso fraîchement préparé (utilisez 2 doses pour un goût de café plus fort)

Cuisinons :
Dans un pot de taille moyenne, combinez la purée de citrouille, le lait infusé au cannabis, l'extrait de vanille, les épices à tarte à la citrouille et le sucre. Chauffer à température moyenne et fouetter constamment jusqu'à ce que le mélange soit cuit à la vapeur. Ne laissez pas le lait bouillir !

Une fois chaud, retirez la casserole du feu et réservez le mélange de lait plus tard.

Préparez un ou deux expressos forts. Prenez le temps de remplir à moitié vos gobelets avec le lait d'épices à la citrouille infusé au cannabis.

Versez le café expresso dans le lait et mélangez. Dégustez et ajustez les assaisonnements en fonction de vos préférences personnelles en ajoutant du sucre, un supplément d'épices ou peut-être un peu plus de café.

Canna smoothie très rafraîchissant
à la noix de coco

Faites 2 ou 4 portions

Le délice d'un smoothie aux fruits, mais avec une touche de Cana à la noix de coco.

Ingrédients :
- 2 cuillères à soupe d'huile de cannabutter (30 ml)
- 1 banane, tranchée
- 1-2 tasses de lait de coco (250 ml – 500 ml)
- 2 tasses de fraises congelées ou fraîches (500 g)
- 4 cuillères à soupe de jus de grenade (60 ml)
- 2 cuillères à soupe de mélasse de grenade, pour asperger (30 ml)

Cuisinons :
Chauffez votre huile de canna-noix de coco faite maison dans un petit poêlon.

Ajoutez vos tranches de banane et laissez cuire pendant 3-5 minutes pour les imbiber et les amollir, en les remuant régulièrement.

Retirer du feu et laisser refroidir.

En même temps, mettez tous vos autres ingrédients dans un mélangeur, mais sans la mélasse de grenade

Ajoutez dans le mélangeur votre banane, ramollie dans le cannabutter, et laissez le mélange brasser, pour obtenir une consistance crémeuse.

Fait deux portions, versez et dégustez après avoir arrosé de mélasse de grenade.

Ajoutez de la glace selon votre goût ou expérimentez votre prochain smoothie.

Léchez le précieux jus, restant dans le fond du poêlon, avec du pain, ça vous fera un commencement de dégustation…

Limonade Canna au citron, rafraîchissante

Voici une recette pour une limonade de marijuana simple et forte à l'aide de teinture de cannabis :

Ingrédients :

- 6 tasses d'eau froide ou (chaude pour voulez diluer plus rapidement) (1 ½ L)
- 1 tasse de sucre (le miel est meilleur pour votre santé) (250 ml)
- 2 tasses de jus de citron (environ 8 à 10 citrons) (500 ml)
- Une capsule de teinture de cannabis de 150 mg, ou 8 gouttes de teinture concentrée

Cuisions :

Versez le jus de citron sans pulpe dans votre pichet.
Ajouter un genre de sucrage à votre goût et remuer jusqu'à dissolution complète. L'eau chaude si vous êtes pressé.
Ajoutez-y votre teinture de cannabis et remuez encore.
Réfrigérez au moins 2 heures et dégustez, sans glace pour ne pas diluer.

NOTE :
La force de votre teinture peut différer, sinon diluez un peu ou laissez reposer en ajoutant de la glace, par précaution...

THÉS santé Canna

Le cannabis est idéal pour une consommation de choix, pour de nombreux patients, autant que pour le plaisir. Certains préfèrent un joint ou une vapoteuse, mais le thé au cannabis est un génie dissimulé, qui agit discrètement en profondeur, et qui subsiste depuis des milliers d'années...

Les vieux pays comme la Chine l'Inde et le Japon en sont des adeptes millénaires et cette pratique est ancrée dans leurs gènes.

Le thé permet aux consommateurs de microadministrer à sa guise et d'ingérer sa dose de cannabinoïde plus facilement, discrètement et rapidement, que d'autres méthodes de consommation. Certains thés de cannabis seront riches en THC ou CBD, selon le mode d'injection et du produit choisi. Avec la légalisation, les produits concentrés deviennent de plus en plus abordables, et les vieilles méthodes de préparation passant par les procédés de décarboxylations trop longs et qui brûlent certaines propriétés nutritives du cannabis trouveront de moins en moins d'adeptes.

Les consommateurs veulent vivre à la rapide, c'est pour ça que la terre en souffre. « Non, pas aujourd'hui, demain on y pensera ! Aujourd'hui on prend notre thé en paix ! »

Vous pouvez prendre n'importe quelle recette de thé ou de tisane et ajouter facilement du cannabis au mélange. Le thé au cannabis permet aux consommateurs d'ajuster les doses à leurs besoins et de consommer discrètement en public.

Partons du fait que celui qui aime déguster son thé ou son café, ou autre breuvages ne vont pas se lancer dans les grosses cérémonies de préparations à tous moments de la journée. Nous savons tous comment faire du thé et ce livre ne vas pas vous montrer comment mettre un pied devant l'autre, par contre, voici quelques suggestions méconnues pour améliorer un peu la base santé, l'eau, pour nos thés à nous, les Canadiens et Américains.

Suggestions :

1. Préparez votre thé d'abord, dans de l'eau distillée (toutes les eaux des villes ou des puits artésiens ont des goûts différents, parce qu'ils contiennent des ajouts de chlore et de minéraux inconnus, avec

lesquels vous n'êtes peut-être pas compatibles). (Les hôpitaux ne sont pas remplis sans raison).

2. Faire bouillir à gros bouillons, au moins 3 minutes, verser dans une théière, laisser reposer une vingtaine de secondes pour laisser la chaleur se répandre dans les parois de la théière ; et là vous insérez vos sachets ou votre thé en vrac. (Thé en vrac pour le connaisseur !)

3. Camomilles ou autres saveurs sont votre choix, le procédé est le même. (Voir les autres thés, plus bas, vous trouverez une grande diversité de possibilités)

4. Après avoir laissé infuser au moins cinq minutes, retirez les sachets, sans presser sur les sachets, pour ne pas en extraire un goût âcre.

5. Si vous dosez avant d'enlever vos sachets, alors, vos sachets partiront avec plein de votre précieuse dose de cannabis.

6. Ensuite seulement, vous dosez à votre goût, avec quelques gouttes de teintures ou de concentré que vous avez fabriqué vous-mêmes, selon des recettes dans ce livre.

Ou, ajoutez une cuillère à thé par tasse, de la délicieuse liqueur : « Crème des Anges », elle vous fera rêver thé mentalement…

Certains rajouteront leurs additifs préférés, mais la Crème des Anges a déjà son miel fermenté avec l'alcool, dans sa composition…

PLUSIEURS THÉS que vous pouvez inventer pour votre bien-être

Si vous laissez votre santé aux mains de votre ville qui traite votre eau avec tellement de produits, c'est vous-même, avec votre corps, qui

Les mélanges de thés idéals pour les fumeurs de hasch se composent de diverses substances, soit : aromatique, apaisante, ou émolliente, tout en étant un agent de guérison et un astringent doux.

Un expectorant doux peut-être également rajouté, en plus d'herbe choisie qui servira comme antispasmodiques.

Plusieurs plantes adoucissantes suggérées pour infusion sont :

- Anis, et anis étoilés

- Réglisse

- Sassafras

- Écorce d'orme rouge

- Tussilage

- Racines de consoude

- Lin

- Licorice

- Fleurs de guimauve, feuilles et racines

- Fleurs de chèvrefeuille.

Des herbes aromatiques apaisantes pour infusion sont :

- Menthe poivrée,

- Menthe verte,

- Thym,

- Sauge
- Thé des bois
- Graines de cardamome
- Girofle
- Cannelle
- Piment de la Jamaïque
- Eucalyptus, feuilles
- Graines d'Angélique
- Hysope
- Racine de gingembre
- Graines de coriandre et cataire.

Quand les thés sont infusés de la cannelle en poudre, une substance gélatineuse est libérée et donne au thé une texture visqueuse. Mais, une petite quantité de la cannelle brute ajoutée peut servir comme émollient.

Les feuilles de guimauve produisent moins de mucilage que la racine, et les fleurs encore moins, mais ne jamais faire bouillir les thés, infuser seulement. De même avec la réglisse.

Des herbes astringentes douces, et aussi pour infusion, sont ;

- Thym
- Sauge
- Romarin

- Racine de consoude et feuilles

- Ginseng

- Aunée

Pour un apport en pure vitamine C, comme agent de guérison, avec une saveur acidulée comme hibiscus et cynorhodon sont des recettes de cannabis adaptées pour le fumeur, car le tabac brûle les vitamines C. Les magasins de santé et certaines pharmacies les tiennent en inventaire, sous la forme en poudre. C'est un substitut du fameux citron :
1/3 cuillère à thé équivaut à 1 000 mg, mais une demi-cuillère à thé est raisonnable en y ajoutant du miel si désiré.
Les herbes expectorantes sont :
- Ballote

- Fleurs de molène

- Feuilles de verge d'or

- pulmonaire

- « Forget-me-not », les feuilles

Le lait de sauge simplement bouilli dans le lait est populaire dans de nombreux pays méditerranéens et appréciés pour son goût agréable et surtout pour son bien-être favorable sur le système respiratoire.
Les fleurs d'hibiscus sont aussi favorables pour soulager la toux et les inflammations de la gorge. Elles sont bouillies dans du lait de coco, mais refroidies avant de servir comme une boisson très appréciée aussi comme boisson de fantaisie.
En plus d'être un bon émollient, les fleurs de

chèvrefeuilles infusées ont aussi des propriétés antispasmodiques.

Pour continuer dans les thés dans lesquels on peut ajouter tant de bienfaits, le ginseng est un excellent tonique pour les nerfs, la circulation sanguine et les glandes. Il aide également le corps à se rémunérer et se guérir plus rapidement. Avant une rigolade à la fumée ou une grosse fin de semaine de canna-party, la prévoyance pourrait éviter de gros mots de tête et des maux de gorge ; d'importantes doses en capsules de racines de ginseng ou ginseng thé, ingurgité plusieurs heures à l'avance, et pendant le party pourraient permettre de s'en sortir avec pas trop de dommage.

Secteur Pensée

Suite à un arrêt cardiac ou un séjour à l'hopital, il n'est jamais trop tard pour commencer à faire de l'exercice. Même si notre coeur est une bonne pompe, il à quand même besoin de notre coopération pour l'aider à circuler le sang dans toutes les parties du corps. Et rien d'autre, ne vaut l'exercice régulier et de plus, avec de l'eau pour aider à nettoyer les malbouffes que nous ingérons.

CHAPITRE douze

GUIDE : ce que le connaisseur ne peut ignorer

Trop ingurgité de comestibles de cannabis ?

Quoi faire si vous avez trop mangé de ces aliments si délicieux ?

Vous pouvez être affecté pendant que vous apprenez à ne pas trop en manger en attendant la montée. La dose du produit infusé avec laquelle vous avez fabriqué votre recette était peut-être trop forte ? Vos produits injectés étaient peut-être mal étiquetés ? La puissance et les quantités que vous avez ingérées peuvent vous faire voler trop haut, plus « High » que vous pensiez ?

Mais jusqu'à date, les recherches ont démontré que personne n'en meurt.

À quoi s'attendre si vous mangez trop d'aliments comestibles

Si vous avez trop mangé de produits de cannabis et que vous planez trop haut, il est probable que vous fassiez l'expérience d'une surdose supérieure à ce que votre corps pouvait supporter. Vous connaitrez beaucoup d'inconfort, mais moins épeurant qu'une surdose avec les drogues fortes. Souvent il ne faut que flotter pendant que les voltiges suivent leurs cours et se laisser descendre lentement en bas des nuages ; mais la voltige pourrait se prolonger entre 5 et 12 heures. Selon des expériences vécues énoncées par des adeptes, vous connaitrez peut-être des passages de paranoïa, des sueurs froides, une glycémie à la baisse, de la panique, du vertige et au pire, des vomissements et une envie de dormir. Les symptômes sont expérimentés différemment par chacun, mais démontre qu'il faut doser adéquatement et manger prudemment.

Le calme est de rigueur

Le THC qui est psychoactif peut vous affecter davantage. Donc, commencez le processus d'évaporation en :

- Respirant profondément beaucoup d'air frais, surtout à extérieur, intensément.
- Si vous connaissez des moyens de méditation, c'est le temps d'y faire un retour.
- Si la peur vous domine, alors, n'ayez pas peur de consulter un ami.
- Si vous pensez que vous avez perdu le contrôle, vous pouvez contacter un professionnel de la santé ou une ligne téléphonique, pour vous conseiller.

Atteindre les sucreries (sans canna)

Vous avez peut-être une montée d'hypoglycémie ou une déshydratation, alors buvez et mangez de tout ce qui contient du glucose, du sucré, prenez du jus, des bonbons, des gâteaux sucrés ; mais absolument rien qui contient du cannabis. Si ça s'améliore. Continuez de remplir votre estomac.

Mâchouiller du poivre

Mâchouiller des grains de poivre peut soulager assez rapidement, selon ce que « les victimes de leurs délices » ont expérimenté. La crise de paranoïa et d'anxiété, s'est dé poivré comme par enchantement.

Manger et boire beaucoup de liquide

Se remplir de beaucoup de :
- Liquides, jus, soupes.
- De nourriture de fibre.
- De matières grasses.
- Et encore des sucreries

Un ensemble de gestes peut ralentir la vitesse d'absorption du THC dans votre système digestif et peut aider à accélérer les effets d'intoxication. À mesure que le THC se dissimule dans votre système, les effets sont diminués aussi. Beaucoup de mets graisseux peuvent emprisonner le THC, tandis que les fibres ralentiront la digestion et passe directement dans le gros intestin pour être évacuées. Si vous notez une amélioration, alors, mangez et buvez de l'eau, encore.

Le repos oblige en attendant le savoir

Si vous avez consommé du CBD c'est moins grave que le THC, car le THC procure plus d'effets psychoactifs de flottaison très « High » haut. Le mal de tête et les yeux rouges seront de la partie, alors c'est le temps de prendre du repos. Le patron comprendra qu'il est préférable de ne pas vous voir au travail avec d'épais verres fumés, surtout une journée sans soleil. Ça pourrait demander quelques jours de repos. Soyez zen ! Et, laissez-vous récupérer lentement.

OK ! On dit que l'expérience vient par nos erreurs, donc, assurez-vous de bien identifier vos produits afin de comprendre comment doser selon l'intensité, que vous êtes capable d'assimiler, et selon votre sensibilité aux produits que vous avez cuisinés.

NON ! Pas les YEUX ROUGES !

Les yeux rouges de la marijuana

Beaucoup de personnes qui fument de l'herbe ont les yeux rouges, POURQUOI ? C'est causé par les composantes psychoactives présentes dans beaucoup de variétés de (THC). Fumez une herbe riche en THC, fait baisser la pression sanguine, ce qui induit de sang les petites veines du blanc des yeux. La consommation de THC fort empire cet effet, que personne n'aime.

Comment éviter les yeux rouges

Beaucoup de formules ont été développées pour combattre cet effet. Parmi les formules miracles énoncées par plusieurs, mais qui marchent, celles mentionnées ici semblent avoir eu de bons résultats. Surtout il s'agit de **prévention ;** alors vous devrez adapter un ou plusieurs des moyens ici-bas afin d'éviter de vous faire dire « ha ! Tu as les yeux rouges, tu as pleuré ? »

Ayez en main des gouttes pour les yeux

Une bonne marque de gouttes pour les yeux sera votre choix,

mais à peu près n'importe lequel liquide médicamenteux qui offre la possibilité soulager l'irritation, donc, les yeux rouges, devrait faire effet et soulager votre malaise. Si vous portez des lentilles cornéennes vous devrez renoncer et changer pour des lunettes, car les spécialistes de la vue mettent en garde contre les dommages que pourraient causer l'emploi de certaines goûtes pour les yeux, ayant été causées par la fumée de cannabis. Les yeux rouges sont apparemment, facilement éliminés avec les gouttes pour les yeux, d'après de nombreux utilisateurs.

Évitez, ou restez loin de la fumée

La fumée n'est pas la principale cause des yeux rouges, mais ajoutés à beaucoup d'autres facteurs, comme l'irritation si vous fumez plus souvent qu'à votre tour. Dans ce cas, votre tolérance au THC est peut-être à considérer. Vous devrez cesser de fumer pour un certain temps pour permettre à votre corps d'éliminer le trop-plein avant de développer une allergie. Pour un moment vous pourriez vous concentrer sur des souches plus douces CBD, ingérées dans vos breuvages et collations de gâteries ou de breuvages chauds ou rafraîchissants. Si non, alors évitez par n'importe lequel moyens que la fumée monte dans vos yeux. Inventez et pensez à améliorer vos pauvres globes oculaires...

Comme mentionné, les souches CBD pour fins médicales ou récréatives pourraient être votre porte de sortie, vers des yeux redevenus à la normale et pourrait du même coup vous empêcher de porter des lunettes soleil même à votre travail intérieur.

Boire de l'eau et encore de l'eau

Se nettoyer le visage avec de l'eau fraîche après avoir fumé pourrait sûrement aider. Boire de l'eau en quantité aidera à purger le système entier ainsi que le système digestif, de plus, pourrait coopérer à régulariser la pression qui cause les yeux rouges. D'après une recherche récente, 75 % des Américains vivent dans un état de déshydratation. Le rapport spécifiait que nous devrions tous boire au moins 10 verres d'eau par jours afin que nos reins puissent faire leur travail ; de nettoyer notre corps pour le garder en santé avec un bon système immunitaire. Boire de l'eau est aussi une bonne prévention et respirer de grandes bouffées d'air frais est réputer aussi pour soulager les désagréables symptômes des yeux rouges.

CBD pour le stress chronique, maladie du siècle

Le CBD aide des millions de personnes pour à peu près tout ce qui concerne les contradictions psychologiques et physiques, dont un des malaises du siècle, le stress…

Le CBD pour aider à combattre le stress chronique se fait une place rapidement comme méthodes de traitements disponibles et appréciées.

L'énigme du stress chronique

Même s'il est bon d'avoir un peu de stress pour réaliser certaines activités, le stress chronique peut causer beaucoup de dommages, mentalement et physiquement.

Selon l'Institut américain du stress, il y a tellement de raisons pour lesquelles les gens sont stressés. Certaines des causes principales sont :

- Charge de travail accrue
- Questions interpersonnelles dans le couple et la famille
- Jongler avec le travail et les vies personnelles
- Manque de sécurité d'emploi

Par contre, le manque de confiance dans les systèmes politiques, partout dans le monde, est également une source qui accentue le stress.

L'American Psychological Association (APA) a publié en 2016 un rapport intitulé : Stress in America, faire face aux changements : qui analysait les différentes causes de stress chez les Américains.

Selon les résultats de leur étude :

- 66 % des Américains sont stressés par l'avenir de la nation.
- 59 % des Américains sont stressés par des attaques terroristes potentielles.
- 61 % des Américains sont stressés par leur situation financière.

Ce qui pourrait être similaire partout dans le monde...

Un sondage publié par l'APA en août 2017 a mis en lumière que 33 % des Américains ne discutaient jamais de leurs problèmes de gestion du stress avec leur médecin.

Même si le stress peut être le symptôme vers différentes maladies, les recherches sont loin de s'être arrêtées seulement sur le stress. C'est pourquoi il est important de consulter un médecin...

CBD et les recherches

- L'épilepsie et certains troubles neurologiques.
- Dépression et anxiété.
- Insomnie et troubles du sommeil.
- Traitements contre le cancer et les symptômes liés au cancer.
- Douleur et inflammation.

De l'Institut national de la santé des États-Unis (NIH) :

« Le CBD est un cannabinoïde attrayant ayant des activités analgésiques, anti-inflammatoires, anti-

néoplasiques et chimiopréventives. »
- Diabète et douleur nerveuse reliés au diabétique.
- Maladie cardiovasculaire.
- L'arthrite.
- Spasmes musculaires.
- Sclérose en plaques.
- Les troubles de stress post-traumatique.
- Soulagement du stress.

Pour plus de détails dans l'avenir, faites une visite à notre blog : www.mari-juana-blog.com

Emplois nécessitant des tests de dépistage

Vous n'avez pas le problème de réussir un test de dépistage de drogue si vous connaissez le genre d'emploi qui demande un test de dépistage de drogue. De nombreux emplois nécessitent des tests de dépistage de drogue.

L'industrie alimentaire, la construction, l'éducation ou dans les soins de santé, votre employeur pourrait exiger un test de dépistage de drogue. Souvent, un test de drogue pour le travail n'est qu'une exigence personnelle de la personne à qui appartient l'entreprise. Certains employeurs sont plus axés sur l'efficacité au travail que le genre de café qu'ils prennent pour se réveiller…

Subir ou non un test de dépistage de drogue

Tous les travailleurs de quel que soit le genre d'emplois peuvent être testé pour les drogues, même si vous travaillez dans une industrie qui n'en a pas besoin. Surtout s'il y a eu un accident stupide ou des comportements bizarres sur les lieux de travail. À un moment donné, le dépistage de drogues sur le lieu de travail est une question de comportement général ; d'après des statistiques.

Positions du gouvernement

Si vous travaillez pour l'état ou le gouvernement fédéral, vous devrez probablement passer un test de dépistage de drogue avant ou juste après votre embauche et même tout au long de votre emploi. Les emplois gouvernementaux sont parmi les testeurs de drogues les plus organisés et les plus réguliers. Que ce soit pour un travail de bureau ou de service de ménage, si vous envisagez de postuler pour un travail dans un département quelconque du gouvernement, vous devriez envisager de renoncer au cannabis.

Mais le temps change, peut-être qu'à l'avenir, les emplois publics deviendront un peu moins stricts avec les tests de dépistage de drogue. En attendant, vaut mieux chercher ailleurs…

Emplois de sécurité

Un autre type de travail qui nécessite des tests de dépistage de drogue à tous les niveaux est celui de la sécurité.
- Les policiers
- La sécurité dans les prisons

Les emplois dans la sécurité des entreprises privées aussi exigent fréquemment que les employés subissent un test de dépistage de drogue. Étant donné qu'il est difficile de savoir exactement quel genre de drogue circule dans le sang de l'agent au travail, la spéculation des effets est ouverte entre la paranoïa, la distraction et la probabilité de s'endormir au travail, le cannabis n'est pas vraiment un stimulant pour ce genre de travail.

Emplois de transport

Presque tous les emplois dans le secteur du transport exigent que leurs employés passent un test de dépistage de la drogue.

- Les chauffeurs de bus
- Les chauffeurs de camion
- Les capitaines de bateaux
- Les chauffeurs de grues
- Les pilotes, passagers ou transport
- Tous les emplois qui exigent une manutention sécuritaire

Tout autre emploi dans le transport exige une preuve de sobriété, alcool et drogues. Les responsabilités envers les autres sont tellement mises à l'épreuve sur la route que les dangers de conduire exigent une parfaite attention. Surtout sur la route, il n'est pas recommandé de conduire en état de flottaison.

Comment passer votre test de drogue

Si un patron scrupuleux exige un test de pistage pour un poste de bureau, alors il exagère. Vous pouvez avoir dégusté de bons brownies la veille et ne pas passer le test le matin suivant. Alors il faut s'opposer, trouver une excuse et remettre le test au lendemain.

Le temps ne change pas assez rapidement pour enlever

l'envie d'un patron boqué à exiger des tests, que ce soit juste ou pas. Alors, quoi si vous ne savez pas comment vous préparer.

Il y a une solution à tout

D'abord, arrêtez immédiatement de consommer.
- Buvez beaucoup d'eau
- Faites beaucoup d'exercices physiques pour suer et sortir le cannabis de votre corps.
- Et investissez au plus vite dans un kit de désintoxication de qualité. (Vous trouverez sur l'internet).

Il y a une solution à toutes les situations et les tests de dépistage de drogue improvisés ne font pas exception. Si votre travail nécessite un test de dépistage de drogue, il serait prévoyant de toujours avoir en main un bon test de désintoxication.

CHAPITRE treize

Le chanvre et la planète

Le chanvre, variété de la même famille que le cannabis et producteur de CBD.

Les vêtements en chanvre grandissent en popularité !
Tout en coopérant à sauver la planète « A » parce que l'on n'a pas de planète « B »
La planète « A » et le « Fast Fashion »
Les gens de la mode « Fast Fashion » sont en train de détruire la planète « A ». Si les jeunes refusent de porter des vêtements issus de la « Fast Fashion », ils coopéreront à pousser le marché de la mode à changer de matériaux de fabrication des vêtements et la planète « A » s'en portera mieux.
Le chanvre est une plante de cannabis, comme la marijuana. Les deux plantes sont apparentées, comme des cousins botaniques.
Les arbres, comme les plantes de chanvre, fixent le carbone dans notre environnement, au contraire de l'industrie qui libère les dioxydes de carbone dans l'atmosphère.

Le temps change, alors il nous faut changer

nous aussi ?

La production de coton n'est pas durable.

La majorité des vêtements sont fabriqués de coton, mais le chanvre peut être cultivé dans la moitié moins de terre agricole et nécessite beaucoup moins d'eau, en plus de régénérer les terres dégradées.
Le vêtement en chanvre n'est que l'un des nombreux usages de cette plante. Le chanvre peut également être utilisé pour fabriquer des médicaments, des cordages, des chaussures, de la nourriture et du papier.

Le chanvre est de la famille du cannabis

Quand le mot chanvre « Hemp » est entendu, nous-tous depuis longtemps, nous pensons filet de pêche, vêtements, cordages et autres fibres, mais les gens ne se sont jamais arrêtés à penser cannabis. Pourtant, selon les mémoires d'un empereur chinois (2500 ans avant notre ère), vantant les mérites du chanvre, l'empereur « Shen Nung » a publié dans sa riche pharmacopée traditionnelle, les bienfaits du chanvre. Tel l'empereur chinois, de l'ère avant la nôtre, le chanvre comme aliment avait fait plus de chemin que les vêtements et les cordages.
De plus, selon une découverte en 1997, en République tchèque, des fragments d'argile datés de plus de 25 000 ans contenaient des fibres apparentées au chanvre et à d'autres plantes sauvages

Le chanvre est aujourd'hui très prospère.

La mode revient au chanvre, ainsi que pour le houblon, dont

les deux sont de la famille du cannabis et en plus, pour une de ces propriétés médicinales, le CBD.

Certains États ont presque aboli la prohibition, avec des limites, sur l'âge et les quantités d'achats. Cependant, le chanvre se vend dans les marchés de nourriture en vrac, partout au Canada et le chanvre est aussi mélangé à travers le granola avec plusieurs autres graines, bonnes pour la santé.

En raison de l'illégalité de la plante de cannabis au niveau fédéral aux États-Unis, la majorité du chanvre provenait de sources étrangères (Chine, Canada et autres), mais tout est appelé à changer. L'avenir du chanvre repose en grande partie sur le (US Farm Bill de décembre 2018) et comment la réglementation sera élargie ou limitée.

Les fibres de chanvre sont trois fois plus solides que le coton. Ils conservent également leur forme lorsqu'ils sont mouillés, ce qui rend les vêtements en chanvre moins susceptibles de s'étirer ou de perdre leur forme avec le temps.

C'est aussi une des fibres naturelles qui sèche le plus rapidement. Le chanvre reste extrêmement fort, même lorsqu'il est mouillé. Grâce à ses propriétés antibactériennes naturelles (comme la laine), vous pouvez donc les porter plus longtemps, avant le besoin de lessiver. Le chanvre est aussi prisé pour ses propriétés thérapeutiques de CBD ».

Qu'est-ce que l'huile de chanvre ?

En vertu de la loi sur l'agriculture industrielle du chanvre, « ce qui pourrait changer », le chanvre est défini comme du cannabis contenant moins de 0,3 % de THC. Ça ne précise pas grand-chose.

L'huile de chanvre est extraite des graines de la plante de cannabis. Les graines sont très faibles en concentrations de cannabinoïdes, mais très nutritives et savoureuses. Elles sont riches en protéines, en matières grasses et en fibres, cependant elles sont faibles en glucides, mais les graines de chanvre fournissent une alimentation de qualité fiable et une grande quantité d'éléments nutritifs ; c'est une des raisons pour lesquelles ses attributs qualifient l'huile de chanvre comme un produit de santé.

Huile de chanvre CBD.

Pour offrir une meilleure compréhension de l'utilisation du chanvre, il convient de mentionner l'huile de chanvre CBD.
Le CBD est le cannabinoïde le plus répandu, à part le THC. Alors que nous avons passé tout ce temps à cultiver des plantes de cannabis pour avoir des concentrations élevées de THC, les plantes de chanvre ont été cultivées pour avoir une teneur en THC faible. Avec le temps et grâce à la sélection de différentes variétés de plantes, cette concentration CBD est devenue plus élevée. Aujourd'hui, l'huile de chanvre CBD est extrêmement courante et pour de nombreuses raisons salutaires.

Attention aux marchés illégaux

Exiger la source, écrite, sur les étiquettes de vos produits, si le fournisseur a peur d'identifier sa source ça ressemble aux marchés illégaux…
Les marchés illégaux sont dangereux, car ils pourraient contenir des pesticides néfastes pour la santé. Ceux qui ne respectent pas leur corps ne pourront jamais compter sur qui que ce soit pour les respecter mieux qu'eux-mêmes.

Vive le tout prêt

L'huile de chanvre CBD décarboxylée est déjà sur le marché ; aucune préparation et voilà en quelques secondes quelques gouttes dans le café du matin, par contre il ne faut pas le doser trop fort avant de conduire. En plus, il ne faudra qu'un peu de soleil pour agrémenter la journée...

Certains prennent l'huile de chanvre CBD pour ses propriétés anti-anxiété et anti-inflammatoire. Toutes les raisons sont bonnes, surtout depuis la légalisation, dont les territoires s'agrandissent aux États-Unis. En fait, bon nombre de ces huiles sont déjà incorporées dans les produits alimentaires comestibles, les baumes, les onguents, les lotions et les huiles de bain. Et le marché est grand ouvert pour la surprise...

Sur le côté agriculture

Le chanvre industriel connu est de teneur en CBD d'environ 1 à 5 % de CBD, mais il existe des gènes de chanvre atteignant 10 à 20 % de CBD. Il n'est pas facile de trouver un fournisseur de graines de chanvre féminisées riches en CBD. Des graines de chanvre mâles ne sont pas souhaitables, pour avoir une récolte riche en CBD. Pour ceux qui souhaitent se lancer dans la culture du chanvre commercial, faites une recherche pour obtenir une liste de gènes de qualité, riches en CBD, et assurez-vous que le fournisseur soit en mesure de fournir des données précisant la véracité de l'historique de ces semences.

La génétique du chanvre riche en CBD

Le CBD dérivé du cannabis et le CBD dérivé du chanvre sont

très similaires à ceux qui voient les résultats positifs du cannabis. Mais la loi dans chaque état traite différemment ces deux sources de CBD. Le CBD dérivé du cannabis doit être vendu dans un dispensaire agréé. Pour qu'un produit soit vendu dans un dispensaire, il doit être conforme à tous les règlements de l'État, concernant le cannabis. Ce qui est bon pour le consommateur, est que les produits à base de cannabis et dérivés du cannabis doivent être testés en laboratoire, conditionnés dans des récipients à l'épreuve des enfants, doivent être suivis vigoureusement dès le début de la plante et doivent être vendus derrière le comptoir et prescrits par des connaisseurs.

Comparativement au CBD de moins de 3 % en THC du chanvre, le CBD dérivé du cannabis est plus concentré de THC (plus de 3 %) et doit donc être considéré comme un produit psychoactif et est donc classé dans la même classification que le THC régulier. Les consommateurs des États non légalisés obtiennent leurs produits à base de CBD à partir de chanvre que l'on surnomme « chanvre industriel » et ces produits peuvent être vendus à l'échelle nationale aux plus de 18 ans.

Le chanvre dans la construction et l'isolation.

Le chanvre est utilisé pour construire des maisons. De plus en plus de constructeurs écologiques utilisent un matériau de construction issu de la fibre de chanvre. (Les maisons en béton de chanvre sont bien isolées et, bien entendu, écoénergétiques et neutres en évaporation de carbone.)

Le chanvre sauve la planète

En grandissant, le chanvre absorbe le dioxyde de carbone de l'air, en profitant de la photosynthèse, il convertit ce carbone en tiges et feuilles à croissance vigoureuse. Selon certains scientifiques, les fermes de chanvre peuvent même stocker plus de carbone que les forêts. Ce qui réduit une quantité importante « de gaz à effet de serre » de dioxyde de carbone dans l'atmosphère qui réchauffe la planète « A ».

La culture du chanvre régénère le sol

Les agriculteurs peuvent avantageusement réhabiliter leurs sols dégradés, en cultivant du chanvre. Pour sauver les sols endommagés par une agriculture intensive et d'abus des produits chimiques, le chanvre a fait ses preuves en Russie. Après l'accident nucléaire catastrophique de Tchernobyl qui avait contaminé le sol que tous pensaient que le sol serait contaminé à jamais, mais le chanvre a été planté avec succès pour restaurer le sol. La forte structure racinaire profonde du chanvre et à sa tendance à croître rapidement et vigoureusement a été capable d'éliminer les toxines et les métaux lourds du sol, avec succès.

Le coton dévore des tonnes d'eau

Les habitudes destructives du (FF) Fast Fashion sont contre nature, autant que la canne à sucre qui pollue l'environnement à chaque fois qu'elle brûle. « Et peu de gens s'en préoccupent ».
Le coton dévore des tonnes d'eau et de produits chimiques qui abusent du sol en le polluant. La production de coton industriel est nocive pour l'environnement, ainsi que pour les agriculteurs. Les producteurs de chanvre peuvent produire une tonne de textile en utilisant seulement la moitié moins de

terres que les producteurs de coton. Le chanvre nécessite beaucoup moins de ressources et il peut être cultivé abondamment sans trop d'eau ni d'engrais.
Il est naturellement résistant aux parasites et ne nécessite donc pas de pesticides ni d'insecticides.

Friandises canna pour chiens

Quand l'être humain avance c'est aussi le cas pour nos animaux domestiques. Enfin ! Votre chien pourra être détendu et relaxer légalement, d'une manière beaucoup plus sûre et plus humaine !

Des producteurs de nourritures animalières ont poussé la révolution verdoyante jusqu'à créer des friandises comestibles pour chiens, à base de CBD. Le meilleur ami de l'homme pourra s'égailler aussi, à côté de son maitre ou sa maitresse, de la plante préférée de l'humain. La précision est que les « High » ne seront pas pour les chiens. Ces produits de cannabis pour animaux de compagnie ne contiendront pas de THC.
Faites une recherche sur l'internet.

CHAPITRE quatorze

Vocabulaire sur la marijuana

Marijuana

La marijuana, le hasch, l'hashish, le pot sont tous des noms donnés au cannabis qui est une plante de culture naturelle, de diverses variétés et qui produit des cannabinoïdes aux fins médicales multiples et nouvellement légalisées pour le récréatif dans plusieurs états et pays. Le cannabis existe depuis des millénaires, mais c'est à se demander : « qui donc a eu la puissance médicale assez forte pour cacher si longtemps au monde entier, les possibilités naturelles incommensurables de traitement des anomalies corporelles ». Ce qui ressemble beaucoup à une prohibition mondiale de la clique capitaliste médicale.

Cannabinoïdes

Les cannabinoïdes font partie de la constitution génétique basique de la plante, dont un grand nombre de cannabinoïdes différents dans la plante de différentes variétés cannabis. Différents cannabinoïdes se révèlent avoir un but spécifique. Les corps humains et animaux peuvent bénéficier de récepteurs pour les cannabinoïdes, grâce à son propre système d'endocannabinoïdes qu'ils possèdent naturellement. La course euphorique vers les milliards de dollars que représente le cannabis a concouru à déployer les groupes de chercheurs de la planète ; c'est ce qui a permis la découverte de différents cannabinoïdes à des fins médicales. Mais soyons réalistes, les propriétés thérapeutiques du cannabis et de ses variétés dérivées, comme le chanvre, et sans trop mentionner le houblon, qui est aussi dérivé de la famille des cannabis ; tout nous était caché depuis toujours. Le houblon est employé dans la bière depuis belle lurette. Selon de vieux écris nos ancêtres d'avant notre ère, connaissaient et dégustaient des breuvages dérivés du cannabis.

Système endocannabinoïde

Le système endocannabinoïde est un système de récepteurs aux cannabinoïdes dans tout notre corps et relié jusque dans le cerveau de presque tous les êtres humains et les animaux. Les récepteurs du système endocannabinoïde de chaque être vivant sont individuels comme une empreinte digitale, ce serait pourquoi chacun de nous réagirait différemment à chaque produit de souche diverse.

Indica

Une variété de cannabis généralement décrite comme calmante et relaxante et pourrait, chez certaines personnes, causer de la somnolence. Elle se différencie par ces feuilles compactes et trapues. Des variétés connues sont : Hindu Kush, Nordel, Purple Chitral et tellement d'autres.

Sativa

Cette variété est généralement connue comme énergisante et euphorisante et elle pourrait donner l'impression de stimuler l'activité cérébrale ; elle se différencie par ses feuilles élancées et minces. Des variétés connues sont : Delahaze, Blue Dream, Maui Wowie et tellement d'autres. La course au nom est déclenchée…

Hybride

La variété hybride offre un mélange d'effets de Sativa et d'Indica. Elle est tel son nom, un croisement dont les feuilles sont moins trapues que l'Indica et moins élancées que la Sativa. Des variétés connues sont : Banana Split, Lemon Skunk, Kali Mist, Sour Kush et tellement d'autres.

THC

Le THC est le cannabinoïde psychoactif qui procure au consommateur un « High » euphorique, c'est une des raisons qui place le THC, le cannabinoïde le plus connu et le plus abondant dans la plupart des variétés de cannabis. Surtout parce qu'il a été démontré que le THC avait de grandes propriétés qualitatives médicinales, dont l'objectif principal médical du THC serait de soulager la douleur chronique et le stress et autre symptôme reliés.

CBD

Le CBD se place au deuxième rang des cannabinoïdes les plus employés. C'est un composé non psychoactif trouvé dans la marijuana. Le CBD a la plus grande valeur médicinale. Il agit sur l'absorption du THC et à la propriété d'en moduler les effets, dont les effets déplaisants de paranoïa et d'anxiété. Le CBD est maintenant utilisé dans le traitement du cancer, des convulsions, de la maladie d'Alzheimer, du diabète, des maladies gastro-intestinales, de la douleur chronique et même des affections cutanées. Le CBD a changé la vie de nombreux patients en médecine, et elle est disponible sous différentes formes.

Terpènes

Chaque variété de cannabis a différents terpènes, c'est l'arôme naturel présent dans toutes les fleurs et dans tous les aliments et aussi dans le cannabis. Certains terpènes, selon des expériences vécues, procureraient différents hauts « High ». C'est probablement la déduction, du pourquoi ? « Il se vend autant de parfums dispendieux dans les chics magasins. »

Fleur, top, cocotte, bourgeon

La fleur est un des termes utilisés pour décrire la forme naturelle de la tête du cannabis. La fleur est le bourgeon, la cocotte, que les consommateurs fument le plus souvent. La fleur provient de la plante même du cannabis, habituellement classée comme Sativa ou Indira. La fleur est généralement fumée dans un joint, un bol ou un bang, mais elle est recommandée pour obtenir un THC de qualité dans le processus de décarboxylation. Le fumage de la fleur demeurait l'une des méthodes les plus populaires de consommation de cannabis, jusqu'à la légalisation et l'arrivée sur les marchés, de nouveaux produits tels : les concentrés de 60 % à 82 %, les huiles, les teintures, les cires concentrées, les résines vives, etc.

Comestibles

Le terme « comestible », quand il s'agit de cannabis, précise, un aliment qui est infusé avec du THC ou du CBD. Les produits comestibles sont habituellement un genre de gâterie, comme des biscuits, des brownies, barres de chocolat, bonbons gélatinés et aussi des muffins. Ils sont fabriqués en prenant une forme concentrée de THC et l'infusent dans la nourriture avec du beurre ou de l'huile ayant été décarboxylés d'un produit de cannabis. Les comestibles demandent de la précaution, car selon la force en THC induite dans le beurre ou l'huile de canna, ils peuvent être extrêmement puissants. Lorsque qu'ingéré, les alimentaires sont décomposés par le système digestif, qui selon la sensibilité de notre système endocannabinoïde, produit un composé pouvant être 10 à 20 fois plus psychoactif que de fumer des cocottes. Le High extrême dure plusieurs fois plus que de fumer, là est l'économie par le rendement. La consommation est idéale pour les médications et aussi pour les non-fumeurs.

Teintures

Utiliser une teinture est l'un des moyens les plus rapides d'obtenir du cannabis dans votre système. Les teintures sont dispendieuses, mais si le calcul se fait selon la puissance et la rapidité d'efficacité et surtout la possibilité d'emploi sans que ça sente et que ça paraisse. Les teintures sont une forme extrêmement concentrée de THC ou de CBD ; un peu comme un médicament liquide que l'on ajoute dans nos breuvages ou que l'on peut aussi se glisser une goutte sous la langue. La teinture est habituellement un mélange d'huile de CBD et d'huiles essentielles aux fins médicinales typiques. Les teintures CBD ont la faveur des consommateurs plus fortunés…

Topiques

Les Marchés affluent de lotions, de pommade ou de baumes qui s'appliquent directement sur la peau. Ces onguents sont infusés de THC ou de CBD pour soulager la douleur ou la satisfaction dans les parties appliquées. Des lotions à base de CBD aident à traiter une multitude de problèmes de peau et les coups de soleil. En plus des topiques de biogel qui offrent une sensation relaxante et engourdissant au niveau des douleurs musculaires ou pour les massages. Ce n'est que le début.

Secteur Pensée

D'après de nouvelles recherches, on dit que la marijuana ferait naturellement partie de nous, mais il faudrait plutôt réaliser que c'est nous qui faisons partie d'elle.

Le cannabis que l'on surnomme marijuana était déjà consommé, il y a des milliers d'années, dans les vieux pays et cela, sans mentionner les vieux remèdes de tribus du temps des sorciers

---

CHAPITRE quinze

SUBSTITUTIONS :

POUR SUBSTITUER DES ALIMENTS dans vos recettes, vérifiez bien les quantités.

Des recettes nous viennent de toutes les parties du monde et avec souvent des termes différents :

PRODUITS LAITIERS et ŒUFS

- Remplacez 1 tasse de lait entier par : 1/2 tasse de lait évaporé plus 1/2 tasse d'eau, ou 1 tasse de lait écrémé ou en poudre reconstituée, plus 2 c. à thé de beurre ou d'huile.
- Remplacez 1 tasse de babeurre ou de lait sûr par : 1 c. à table de vinaigre ou de jus de citron plus assez de lait pour obtenir 1 tasse et laisser reposer 5 minutes.
- Remplacez 1 tasse de crème sure par : 1 tasse de yogourt nature ou 1 tasse de lait évaporé plus 1 c. à table de vinaigre ou 1 tasse de fromage cottage passé au mélangeur avec 2 c. à table de lait et 1 c. à table de jus de

citron.

- Remplacez 1 tasse de crème moitié-moitié par : 7/8 de tasse de lait plus 3 c. à table de margarine ou de beurre, ou 1 tasse de lait évaporé.
- Remplacez 1 tasse de yogourt nature par : 1 tasse de lait sûr ou 1 tasse de babeurre.
- Remplacez 1 œuf par : les produits liquides vendus comme substituts aux œufs peuvent parfois être utilisés, vérifier les équivalences sur l'emballage. Mais, pour 1 œuf, remplacez par 2 jaunes d'œufs si c'est pour de la crème et des poudings. Mais, pour des biscuits et pâtisseries, remplacez 1 œuf par 2 jaunes d'œufs plus 1 c. à table d'eau.
- Remplacez la crème légère : 7/8 de tasse de lait + 3 c. à table de beurre.
- Remplacez 1 tasse de crème fouettée : 3/4 tasse de lait + 1/3 tasse de beurre.
- Remplacez 1 tasse de crème sure claire par : 2/3 tasse de lait sûr et 1/3 tasse de graisse.

SAVEURS :

ASSAISONNEMENTS, FINES HERBES, ÉPICES

Remplacez 1 c. à table de fines herbes fraîchement cueillies par :
1 c. à thé des mêmes herbes séchées ou 1/4 moulues ou en poudre.
Remplacez 1 c. à thé d'assaisonnement pour volaille par :
1/4 c. à thé de thym plus 3/4 c, à thé de sauge.
Remplacez 1 c. à thé d'épices pour tarte à la citrouille par :
1/2 c. à thé de cannelle, 1/8 c. à thé de piment de la Jamaïque moulu, 1/8 c, à thé de muscade et 1/2 c. à thé de gingembre
Remplacez 1 gousse d'ail hachée fin ou pressée par :
1/8 à 1/4 c. à thé d'ail haché déshydraté ou 1/8 de c. à thé de

poudre d'ail.
Remplacez 1 oignon moyen par :
2 c. à table d'oignon haché déshydraté ou haché fin ou en flocons ou 1 1/2 c. à thé de poudre d'oignon.
Remplacez 1 citron moyen par :
2 à 3 c. à table de jus frais.
Remplacez 1 orange moyenne par :
1/4 à 1/3 de tasse de jus d'orange frais ou surgelé ou concentré.
Remplacez Vin blanc par :
Une quantité équivalente de jus de pomme ou de cidre.
Remplacez 1 tasse de bouillon de poulet ou de bœuf par :
1 c. à thé de bouillon instantané ou 1 cube de bouillon plus 1 tasse d'eau.
Remplacez 1 tasse de miel :
1 1/4 tasse de sucre + 1/4 tasse d'eau

PÂTISSERIES

Remplacez 1 tasse de farine préparée par :
1 tasse de farine tout usage + 1 1/2 c. à thé de poudre à pâte +1/2 c. à thé de sel.
Remplacez 1 tasse de farine à gâteau par :
7/8 de tasse de farine tout usage tamisé.
Remplacez 1 c. à thé de poudre à pâte par :
1/4 c. à thé de bicarbonate de soude + 1/2 c. à thé de crème de tartre.
Remplacez 1 c. à table de fécule de maïs par :
2 c. à table de farine.
Remplacez 1 sachet de levure sèche active par :
1 c. à table de levure sèche (levure chimique).
Remplacez 1/4 de tasse de chapelure fine par :
1/4 tasse de chapelure de craquelins ou 1 tranche de pain émiettée ou 2/3 de tasse de gruau instantané.
Remplacez ½ c. à thé de poudre à pâte par :

1 œuf.
Remplacez 1 tasse de farine à pâtisserie par :
7/8 de tasse de farine à pain.
Remplacez 1 tasse de crème sure épaisse par :
1/2 tasse de lait sûr et ½ tasse de graisse.

ÉPAISSISSANTS

Remplacez 1 c. à table de fécule de maïs par :
2 c. à table de farine ou 1 1/3 c. à table de tapioca à cuisson rapide.
Remplacez 1 c. à table de farine par :
1 1/2 c. à thé de fécule de maïs, ou 2 c. à thé de tapioca à cuisson rapide, ou 2 jaunes d'œufs.
Remplacez 1 c. à table de tapioca par :
1 1/2 c. à table de farine tout usage.

CHOCOLAT, substitutions :

Remplacez 1 carré de chocolat mi-sucré par :
1 carré de chocolat non sucré plus 1 c. à table de sucre.
Remplacez 1 carré de chocolat non sucré par :
3 c. à table de cacao plus 1 c. à table de graisse ou de margarine.
Remplacez 1/2 tasse de grains de chocolat mi-sucré par :
3 carrés de chocolat mi-sucré.

LÉGUMES, substitutions :

Remplacez 1 tasse (250 ml) de tomates en conserve par :
1 1/3 (333 ml) de tomates fraîches en morceaux, mijotées 10 minutes.
Remplacez 1 tasse (250 ml) de sauce tomate par :
1 tasse de tomates étuvées en conserve, au mélangeur ou 1 tasse de purée de tomate assaisonnée ou 3/4 tasse de purée de tomate plus 1/4 tasse d'eau.

Remplacez 1 tasse (250 ml) de jus de tomate par :
1 tasse de sauce tomate plus 1/2 tasse d'eau.

Remplacez 1/2 tasse (125 ml) de ketchup ou de sauce chili par :
1/2 tasse de sauce tomate et 1 c. à table de vinaigre plus 2 c. à table de sucre.

Remplacez 1/2 lb (225 g) de champignons frais par :
4 oz (120 g) de champignons en conserve.

REMPLACEZ 1 TASSE DE BEURRE

- 1 tasse de graisse végétale + 1/3 c. à thé de sel
- 1 tasse de margarine
- 7/8 tasse de saindoux +1/2 c. à thé de sel

REMPLACEZ 1 TASSE DE SUCRE

- 3/4 tasse de cassonade bien tassée + 1/3 c. à thé de bicarbonate.
- 1 tasse de mélasse, réduire du quart les liquides + 1/2 c. à thé de bicarbonate.
- 1 1/4 tasse de sirop d'érable, réduire de moitié les liquides + 1/4 c. à thé de bicarbonate.
- 1 tasse de sirop de maïs, réduire du tiers les liquides + 1/8 c. à thé de bicarbonate.

AUTRES substitutions

- Remplacer ½ c. à thé de piment de Jamaïque par : ¼ c. à thé de clou de girofle et ¼ c. à thé de cannelle.
- Remplacer, 1 tasse de tapioca par : ¾ tasse tapioca cuisson rapide.

CHAPITRE seize

TABLEAU DE CONVERSIONS

Divers tableaux de conversions pour la cuisine : conversions de mesures liquides et solides, de chaleur du four et d'aliments.

MESURES LIQUIDES

Système impérial	Système métrique	Autres noms
1/8 cuillère à thé	1/2 ml	
1/4 cuillère à thé	1 ml	
1/2 cuillère à thé	3 ml	
1 cuillère à thé	5 ml	1 cuillère à café
1/4 cuillère à soupe	4 ml	
1/2 cuillère à soupe	8 ml	
1 cuillère à table	15 ml	1 cuillère à soupe
1/8 tasse	35 ml	1 oz
1/4 tasse	65 ml	2 oz, 1/4 gr. verre
1/3 tasse	85 ml	
3/8 tasse	95 ml	3 oz
1/2 tasse	125 ml	4 oz, 1/2 gr. verre
5/8 tasse	160 ml	5 oz

Système impérial	Système métrique	Autres noms
2/3 tasse	170 ml	
3/4 tasse	190 ml	6 oz, 3/4 gr.verre
7/8 tasse	220 ml	7 oz
1 tasse	250 ml	8 oz, 1 gr. verre

Note : Certaines mesures ont été arrondies légèrement.

CHALEUR DU FOUR

Degrés Fahrenheit	Degrés Celsius	Thermo. de France
150 °F	70 °C	T/2
200 °F	100 °C	T/3
250 °F	120 °C	T/4
300 °F	150 °C	T/5
350°F	180 °C	T/6
400 °F	200 °C	T/7
450 °F	230 °C	T/8
500°F	260 °C	T/9
Broil	Gril	

MESURES SOLIDES

Système Impérial	Système métrique
1/2 oz	15 g
1 oz	30 g
1/8 lb	55 g
1/4 lb	115 g
1/3 lb	150 g
3/8 lb	170 g

Recettes de cannabis et (2 dans 1) Guide du connaisseur

Système impérial	Système métrique
1/2 lb	225 g
5/8 lb	285 g
2/3 lb	310 g
3/4 lb	340 g
7/8 lb	400 g
1 livre	454 g
2,2 lb	1 kg

RÈGLES CONCERNANT CERTAINS ALIMENTS

Farine tout usage
  1 tasse = 115 grammes
  1 cuillère à soupe = 12 grammes
Sucre
  1 tasse = 225 grammes
  1 cuillère à soupe = 15 grammes
Sucre à glacer
  1 tasse = 150 grammes
  1 cuillère à soupe = 9 grammes
Cassonade
  1 tasse = 200 grammes
  1 cuillère à soupe = 12 grammes
Cacao
  1 tasse = 110 grammes
  1 cuillère à soupe = 8 grammes
Beurre ou margarine
  1 tasse = 225 grammes
  1 cuillère à soupe = 15 grammes
Amandes tranchées
  1 tasse = 80 grammes
  1 cuillère à soupe = 5 grammes

Farine tout usage
Amandes entières
  1 tasse = 170 grammes
  1 cuillère à soupe = 10 grammes
Noix de coco râpée
  1 tasse = 75 grammes
  1 cuillère à soupe = 5 grammes
Riz
  1 tasse = 210 grammes
  1 cuillère à soupe = 12 grammes

Termes canadiens	Termes français
Sucre granulé ou à fruits	Sucre en poudre ou semoule
Sucre à glacer, en poudre	Sucre glace
Ciboule ou ciboulette	Petits oignons frais
Échalote sèche	Échalote
Levure de boulanger	Levure fraîche
Levure sèche	Levure lyophilisée
Poudre à pâte	Levure chimique
Soda à pâte	Bicarbonate de soude
Farine tout usage	Farine type 55
Farine à pâtisserie	Farine type 45
Crème sure	Crème aigre
Crème 15 %	Crème fleurette ou liquide
Crème à fouetter, 35 %	Crème fraîche
Papier parchemin	Papier sulfurisé ou de cuisson
Beans ou bines	Haricots
Popsicles	Sucettes
Fécule de maïs	Maïzena
Mélasse	Sirop noir épais, du raffinage

Recettes de cannabis et (2 dans 1) Guide du connaisseur

Recettes santé	Recettes diététiques
Sous-marins	Pains garnis
Crock pot	Mijoteuse
Presto	cocotte-minute
Tire sur la neige	Sucettes au sirop d'érable refroidies sur la neige
Croûtes	Abaisses de pâtes à tartes cuites
Motton	Grumeau
Soya	Soja
Lait évaporé Carnation	Lait concentré non sucré
Lait Eagle Brand	Lait concentré sucré
Jell-O	Gelée
Canne	Boîte de conserve
Canner	Faire des conserves
Moule à manquer	Moule à gâteau rond et haut

Faites un don
Histoire
d'encouragement

Si vous vous êtes procuré gratuitement cette copie de : Recettes de Cannabis et Guide du Connaisseur, sur l'internet, alors ce serait équitable si vous le désirez, de faire un don sur PayPal.

Aucun montant n'est trop petit, ni trop grand, mais vous devez vous imaginer comment ingrat est que de faire des livres, ça nécessite tellement d'ouvrage... Rien n'est gratuit, il y a toujours quelqu'un qui fait l'ouvrage...

Pour faire un DON PayPal vous devez avoir accès à l'internet et ensuite, vous Cliquez ici : ICI
Ensuite cliquez sur faire un don à :
gilles@jasselin.com
SVP, mentionnez le titre.

Merci beaucoup, nous apprécions votre encouragement.

Visitez aussi notre site WEB :
www.mari-juana-blog.com

ÉDITEUR DEPUIS 1979

www.jasselin.com **ou cliquez ICI**

Recettes de cannabis et (2 dans 1) Guide du connaisseur

Notes

www.ingramcontent.com/pod-product-compliance
Lightning Source LLC
Chambersburg PA
CBHW061720020426
42331CB00006B/1019